TOME 81   N° 3   JUILLET 1997

ISSN 0035-2209

REVUE

DES

SCIENCES PHILOSOPHIQUES

ET

THÉOLOGIQUES

REVUE TRIMESTRIELLE

Publiée avec le concours du Centre National de la Recherche Scientifique

et du Centre National du Livre

LE PÈRE MARIE-DOMINIQUE CHENU MÉDIÉVISTE :

PARIS

LIBRAIRIE PHILOSOPHIQUE J. VRIN

6, Place de la Sorbonne, Vᵉ

1997

© *Librairie Philosophique J. VRIN*, 1997

Printed in France

ISBN 2-7116-1320-8

Rev. Sc. ph. th. 81 (1997) 369-437

LE PÈRE MARIE-DOMINIQUE CHENU MÉDIÉVISTE

« Vous m'avez appris que, comme beaucoup d'historiens le souhaitaient sans être capables de le faire eux-mêmes, on peut éclairer l'évolution et l'action de la théologie et de la pensée religieuse dans l'histoire en les situant au cœur d'une histoire totale, où elles se relient sans être dépendantes à l'histoire économique, à l'histoire sociale, à l'histoire des idées, à l'histoire de l'Église dans toutes ses dimensions matérielles et spirituelles. La théologie, la philosophie, n'étaient plus une succession sans corps et sans chair de doctrines et de dogmes abstraits loin du commun des mortels, mais la vie même de la religion se pensant et vivant dans toute l'histoire. »

Ainsi s'exprimait Jacques Le Goff sous les voûtes de Notre-Dame de Paris, le 15 février 1990 lors des obsèques du P. Chenu. À cet instant naquit l'idée du débat dont les retombées constituent le présent dossier. L'importance de l'œuvre du P. Chenu pour la recherche historique, la fécondité de celle-ci pour son propre travail théologique : à la jonction de ces deux thèmes jaillissait le désir de mieux connaître et comprendre ce grand médiéviste que fut le P. Chenu.

Peu avant le colloque plus académique organisé par le Centre d'études du Saulchoir et le Département de la Recherche de l'Institut catholique de Paris, fin octobre 1995, pour marquer également le centenaire de la naissance du théologien, le présent débat se tint les 23 et 24 septembre 1995 au Centre Thomas More, dans le couvent des dominicains de la Tourette au dessus de L'Arbresle, près de Lyon. Sous la forme de témoignages rendus à l'impact de l'homme et de son œuvre sur la recherche historique ou par l'élaboration rigoureuse de certains thèmes majeurs de son interprétation de la théologie médiévale, c'est sous l'angle strict du médiéviste qu'était rejoint le P. Chenu. Pourtant les discussions s'échappèrent souvent vers la société qui fut la sienne : constante interaction entre le présent du xxᵉ siècle et le passé du xiiiᵉ qui est au cœur de sa démarche historique. Car il ne traitait pas, a-t-on souligné, d'objets, mais de problèmes, et ceux-ci ont leurs permanences propres. Pour Jacques Le Goff encore, dans la même allocution : « Ce que vous aviez compris et vécu, c'est que l'historien (et le théologien)... doit s'intéresser à la fois au présent et au passé, et surtout aller de l'un

à l'autre et vice-versa dans un même mouvement d'effort pour comprendre et de courage pour agir. »

On sentira au fil des pages une tonalité à la fois rigoureuse et affec-
tueuse, parfois même passionnée, qu'on retrouve envers le P. Chenu
chez ceux qui le reconnaissent comme un maître ; elle marquait les
rapports mêmes de celui-ci avec tout ce qui suscitait son admiration. Le
sentiment d'une dette immense à son égard habitait les théologiens
comme les historiens réunis pour ce débat. Cela ne nuisit pas pour
autant à un regard critique sur cette œuvre : on le verra dans les textes
qui suivent. Mentionnons ici seulement un autre aspect de cette critique, qui se formula au cours des débats.

Une discussion porta en effet sur la conception du mouvement de
l'histoire qu'avait le P. Chenu : celui-ci aimait rappeler – et critiquer –
le mot d'Othon de Freysing, disant qu'en son temps, le xe siècle, « la cité
des hommes s'est endormie dans les bras de la cité de Dieu ». Bref, un
arrêt de l'histoire : de fait, au milieu du xie siècle, les textes sont encore
tout proches de ceux du ve siècle. Peu après, et avec le bouillonnant xii^e
siècle, l'histoire semble s'être remise à bouger. Mais, s'émerveillant de
cette montée du xiie siècle vers les admirables sommets du xiiie siècle
qui culminent dans la synthèse de S. Thomas, auquel il vouait une admiration inconditionnelle, Chenu n'a-t-il pas à son tour arrêté l'histoire ?
Il semble n'avoir guère vu que déclin dans les périodes suivantes et le
xive siècle demeure un point aveugle de sa pensée. À le lire, on pourrait
croire parfois que l'histoire se fige après S. Thomas et ne redémarre
qu'en cette deuxième moitié du xxe siècle qui suscitait à nouveau son
enthousiasme. « Vision inacceptable pour les historiens », déclara l'un
d'entre eux...

Le P. Chenu, dans une lettre de 1974, avait confié qu'il admirait le
« bon travail » du Centre Thomas More, alors dans ses commencements.
Le colloque de 1995 s'inscrivait parmi les manifestations du vingt-
cinquième anniversaire de ce Centre. Y faire place à un tel débat était
bien dans la ligne d'une instance de réflexion ouverte aux aventures
intellectuelles fortes de notre temps, dans le christianisme comme
ailleurs. C'était aussi rendre hommage à un inspirateur et revenir vers
une source de ce qui peut être encore audace intellectuelle dans l'espace chrétien d'aujourd'hui.

Il reste à remercier la *Revue des Sciences philosophiques et théologiques* d'avoir offert d'héberger dans ses pages ces traces d'un maître en
théologie qui lui fut si attaché, qui a tant écrit pour elle et qui y prenait
un évident plaisir.

Antoine LION
Centre Thomas More
La Tourette
69210 L'Arbresle

Rev. Sc. ph. th. 81 (1997) 371-380

LE PÈRE CHENU
ET LA SOCIÉTÉ MÉDIÉVALE

par Jacques LE GOFF

Je vais tenter de reconstituer ici ce que je dois au P. Chenu et comment s'est formée la dette intellectuelle et scientifique – je ne dirai pas ici toute la dette humaine – que j'ai contractée envers lui. Ce parti pris peut sembler contestable : il pourrait être quelque peu narcissique et subjectif.

Narcissique? Vous verrez que je ne parle de moi que pour parler de lui. Je puis même dire que ce fut un acte d'humilité que de préparer cette communication, car, en relisant le P. Chenu, je me suis aperçu que je lui devais plus encore que je ne le pensais et que certaines idées que je croyais plus ou moins miennes étaient de lui! Subjectif? Je me permets de penser que ce que le P. Chenu m'a apporté dépasse de beaucoup ma seule personne et cela révèle des phénomènes importants pour l'histoire intellectuelle et pour l'historiographie.

LA THÉOLOGIE DANS L'HISTOIRE

Ceci d'abord : le P. Chenu fut un des tout premiers à créer un dialogue entre théologiens et historiens. Ce dialogue se poursuit aujourd'hui, en ce Centre Thomas More où nous sommes, au Saulchoir, dans les Instituts catholiques et ailleurs. Il est certainement bénéfique pour les historiens, il l'est peut-être un peu aussi pour les théologiens. C'est que le P. Chenu, on l'a dit, ne concevait ni un fonctionnement de la théologie, ni une histoire de la théologie, en dehors de l'histoire des sociétés au sein desquelles cette théologie s'exprime et agit. Ce n'était pas pour autant, bien sûr, méconnaître la nature essentielle d'une théologie ancrée, non seulement dans la foi mais dans l'éternité divine – et il eut de remarquables formules pour le dire. Le P. Chenu construisait en même temps son explication du mouvement théologique médiéval et sa propre théologie. En parlant de la théologie médiévale, en parlant de S. Thomas, c'est d'ailleurs sa propre théologie qu'il présente.

Dans son excellent livre sur le tympan de Conques, Jean-Claude Bonne utilise une belle expression pour en parler : « l'historicité de l'éternité ». Cela se sent chez le P. Chenu. Il ne faut négliger aucun des deux termes ni concevoir leur rapport comme celui de deux entités séparées. Car cela s'est fait, et se fait encore : une histoire de la théologie, constituée plus ou moins en vase clos, qu'on lance ensuite dans le tourbillon de l'histoire et de la société pour observer comment elles réagissent l'une sur l'autre. Chez le P. Chenu, tout au contraire, il y a une vie consubstantielle de l'histoire et de la théologie. Le temps chrétien, cette notion essentielle, est un temps lancé par la création et branché sur l'éternité ; à l'intérieur de ce temps se situe l'histoire et tout ce qui se vit dans l'histoire. Cela rejoint ce qu'écrivait Marc Bloch, dans son *Apologie pour l'histoire*, sur le christianisme comme religion ancrée dans l'histoire. Cette théologie dans l'histoire et dans la société n'existe donc pas sans une certaine vision de cette société. Mon rapide parcours dans son œuvre va essayer de définir cette conception qu'avait le P. Chenu d'une société médiévale vivante et en mouvement.

Ma rencontre avec le P. Chenu s'est réalisée entre 1951 et 1957. Jusqu'en 1954, elle ne se fit que par ses œuvres. Je les ai lues à Oxford – où je passais un an pour préparer une thèse sur les universités médiévales –, puis à Rome, où j'eus la chance de pouvoir travailler, après avoir d'ailleurs modifié l'orientation de ma thèse vers la notion et la pratique du travail intellectuel dans le mouvement scolaire et universitaire des xiiᵉ-xiiiᵉ siècles. De 1954 à 1957, vint le temps des conversations avec le P. Chenu : je le rencontrais au couvent de Saint-Jacques la dernière semaine du mois, celle où il lui était permis de quitter le couvent de Rouen. Nous étions donc tous les deux sous le signe de Rome, dont je revenais ! Et en 1957 – pardonnez moi l'audace de ce parallélisme – paraissaient son grand livre : *La théologie au xiiᵉ siècle* et mon petit volume : *Les intellectuels au Moyen Âge*. Celui-ci doit énormément au P. Chenu, que j'avais consulté pour l'écrire. Je me permets de considérer ces deux ouvrages comme un grand et un petit frère.

À cette époque, je fréquentais aussi le P. Chenu, car je venais d'être nommé assistant à la Faculté des lettres et sciences humaines de Lille : mon patron, Michel Mollat, m'ayant laissé libre de définir mon sujet de licence, j'avais choisi : « La vie scolaire et intellectuelle aux xiiᵉ et xiiiᵉ siècles ». Même si je n'avais pas encore pu lire *La théologie au xiiᵉ siècle*, il était clair que le P. Chenu était la principale source vivante à laquelle je devais m'abreuver.

Un lecteur des « Annales »

Le premier ouvrage de lui que j'ai rencontré, je crois bien l'avoir découvert par hasard chez Vrin parmi des livres d'occasion : Les « *Études de philosophie médiévale*, par le P. M.-D. Chenu, O.P., Professeur au Saulchoir », dans la collection « Actualités scientifiques et industrielles », n° 813, Paris, Hermann et Cⁱᵉ, 1939. Je m'étais jeté sur ce qui m'apparaissait d'abord comme l'occasion de faire des fiches pour une bibliographie, mais j'allais y trouver beaucoup plus.

Je découvrais un théologien dominicain qui lisait les *Annales* et se référait à Marc Bloch : « Ce que M. M. Bloch dit de l'économie, vaut pour tous les domaines de la culture : "Eliminer une bonne fois la notion d'économie médiévale conçue comme un tout : elle masque la grande coupure du xiie siècle, une des plus profondes qui aient jamais marqué l'évolution des sociétés européennes" » (p. 5).

Le P. Chenu rejoignait en effet Marc Bloch sur cette idée d'un tournant majeur aux xiie et xiiie siècles, et il le faisait à propos du domaine intellectuel, que Marc Bloch n'avait pas abordé, malgré son fameux chapitre de *La Société féodale* sur « les façons de vivre et de sentir ». Il appliquait d'ailleurs là une distinction méthodologiquement importante : ne pas considérer une époque historique comme un bloc, tout en recherchant une vision globale. Puisqu'il est question d'économie, je souligne, au passage, que les phénomènes économiques prennent, chez le P. Chenu, leur place parmi d'autres ; mais il n'y a pas chez lui le moindre soupçon de marxisme, car il ne pense jamais que l'économie puisse être une infrastructure.

Dès la page suivante, ma satisfaction grandit encore : « Volontiers nous utiliserions pour un tel discernement le critère que propose, à la suite de N. Hartmann, le Prof. K. Michalski, en l'appliquant au moyen âge : au lieu d'exposer les "systèmes" philosophiques (théorie de Windelband), s'attacher d'abord à l'histoire des "problèmes", non certes par mépris pour la cohérence des systèmes et de leur impersonnelle logique dans l'histoire, mais pour dégager mieux les inspirations, les méthodes, les valeurs, les rénovations intérieures aux plus traditionnels systèmes » (p. 6).

Les *Annales* m'avaient alors appris que la bonne histoire était l'histoire-problème – et voilà que je retrouvais cette position sous la plume d'un historien de la théologie. Or, le P. Chenu avait été parmi les premiers abonnés aux *Annales*. Bien plus tard, en 1962, il acceptera de participer au colloque de Royaumont sur « Hérésies et sociétés dans l'Europe pré-industrielle », dont Fernand Braudel m'avait confié l'organisation Le texte de sa communication sera publié dans les *Annales* (janvier-février 1963, p. 75-80) sous le titre : « Orthodoxie et hérésie ».

UN VÉRITABLE HISTORIEN

Pour revenir aux *Études de philosophie médiévale*, je trouve cité à la p. 10, un nom dont il me plaît d'évoquer la mémoire, celui de Paul Vignaux, dont j'ai beaucoup reçu. Vignaux avait intitulé sa petite synthèse de l'histoire de la philosophie médiévale : *La pensée au Moyen Âge*. Ce terme de « pensée » plaisait au P. Chenu, car il donnait un aspect total à l'étude et la situait dans un tissu vivant. Leurs sensibilités étaient les mêmes. Opposant ce livre à des œuvres qui dégagent de l'ennui et de la tristesse, le P. Chenu ajoutait : « C'est au contraire une impression de saine allégresse et de confiante euphorie que nous donne *La pensée au Moyen Âge*, telle que l'expose M. Vignaux » (p. 10). Tout le P. Chenu est là ! Avec, peut-être, l'envers de ses merveilleuses qualités humaines : je me demande parfois s'il n'était pas un peu trop optimiste. Certes, il avait confiance dans le Saint-Esprit. Cela ne le rendait pas insensible, ni aux coups qu'il avait reçus lui-même, ni au mal dans le monde. Mais il replaçait toujours cela dans le mouvement de l'histoire entre la création et le salut (je parle là en historien, je ne cherche pas à entrer dans le cœur même de sa personnalité). Et il ne pouvait qu'inspirer de l'optimisme. À repenser au P. Chenu, un autre mot me paraît d'ailleurs essentiel : celui de « vie ». C'était un homme prodigieusement vivant. Sa théologie, toute son œuvre, sont vivantes.

Il avait ainsi réussi à faire de cette bibliographie une histoire de l'évolution de la pensée au Moyen Âge. Il le faisait par strates, dont il signifiait les importances respectives. Il arrivait à tirer d'études parfois d'intérêt limité de quoi porter témoignage à cette vision très riche. Il était notamment sensible aux générations, notion devenue à la mode plus tard chez les historiens ; en 1939, « génération » ne faisait pas partie de leur outillage mental. Il se montrait aussi très attentif à la chronologie, maniant celle-ci avec souplesse et intelligence, donnant des dates très précises quand il le fallait. Or, vous savez combien le débat a été vif, jusque récemment encore, pour ou contre la chronologie. Cette grande sensibilité au temps était un des traits qui faisaient du P. Chenu un véritable historien.

C'est dire aussi qu'il savait prendre des risques. À propos d'une étude du P. Vicaire sur lequel nous reviendrons, il écrit dans ce même livre : « Elle veut atteindre au delà des éléments systématiques l'interférence des courants spirituels et saisir l'intuition qui, secrètement, commande les combinaisons dialectiques les plus imprévues. Le risque est grand de dépasser alors les textes et leur immédiate érudition ; mais c'est un beau risque, et il faut le courir » (p. 28). « Un beau risque » ; je me surprends, peut-être imprudemment, à être sur ce point un disciple du P. Chenu. Je sais que c'est à lui que je le dois lorsque je m'efforce de mettre en garde mes étudiants : « Je vous propose cette hypothèse, même si je ne suis pas sûr que ce soit dans les textes... Mais, en fouillant dans ceux-ci, en les brutalisant même un peu, je parle de ce que je perçois en profondeur... ». C'est le risque et la fécondité, ensemble, d'une « *sur*lecture ». Oser, mais rester lucide et critique.

Dans *La théologie comme science au xiiie siècle* (2e édition, pro manuscripto, 1943) je trouvais des instruments de travail appropriés et les techniques de leur mise en œuvre. Cette importance des techniques intellectuelles utilisées dans les universités du xiiie siècle, le P. Chenu l'a magnifiquement expliquée. Il faut en effet partir de ces conditions matérielles, de cet outillage intellectuel et pédagogique pour comprendre le maître universitaire du Moyen Âge et en devenir un pour notre temps. La notion et la pratique du « métier » sont ici essentielles. Marc Bloch a traité du « métier d'historien ». Le P. Chenu a illustré le métier de maître en théologie et en histoire de la théologie. Le Saulchoir était une université, l'universitaire est un homme de métier, un professionnel. Le P. Chenu fut d'ailleurs, lui aussi, un grand professionnel de la théologie et de l'enseignement de la théologie dans l'histoire, prodigieusement ouvert pour son époque. Dans son *Introduction à l'étude de saint*

Thomas d'Aquin, il aborde et présente S. Thomas comme un grand professionnel de la scolastique.

LES DÉCOUVERTES DU PÈRE CHENU

J'évoque maintenant quelques-uns des concepts et des domaines où l'apport du P. Chenu a fécondé ma réflexion.

1. *La conscience*

Il m'a fait voir un phénomène essentiel des XIIᵉ-XIIIᵉ siècles : l'émergence de la conscience. Dans *La Théologie au XIIᵉ siècle*, il a montré comment cette émergence était liée à la nouvelle conception du péché attentive à l'« intention » du pécheur et à ses conséquences : nouvelle pratique de la confession et appel à l'examen de conscience. Il a souligné à propos de la conscience les deux sens du mot : la « conscience » qui se moralise et l'émergence de la conscience de soi. Ces sens sont liés, mais ce sont deux mouvements différents. Ce lien entre la conscience et la conscience de soi m'a aidé dans mon étude sur S. Louis et pour la question, bien connue, de l'émergence de l'individu au XIIᵉ et au XIIIᵉ siècles – qu'il ne faut sûrement pas majorer. La seule étude valable et profonde sur cette émergence de la conscience reste le merveilleux petit livre du P. Chenu : *L'éveil de la conscience dans la civilisation médiévale*, Conférence Albert-le-Grand 1968, Vrin, 1969.

2. *Philosophie arabe*

Je relève aussi dans la bibliographie de 1939 le chapitre V : « Philosophie arabe ». Se référant à une conférence du P. Théry, il souligne en particulier dans la pensée arabe son caractère humain, son lien avec les conditions socio-professionnelles : « Les philosophes arabes sont tous des médecins ou des cadis, des musiciens ou des astronomes, des contemplatifs mêlés à l'action » (p. 34).

3. *Les Arts*

Sur un aspect important qui reste encore pour moi largement inexploré, le P. Chenu a attiré mon attention : c'est la question, au XIIIᵉ siècle, de la Faculté des Arts. Il note : « La faculté des arts nous est beaucoup moins connue encore que la faculté de théologie, et le fait est doublement fâcheux pour l'historien de la philosophie : non seulement une partie de la philosophie (logique, grammaire spéculative, mathématiques) relève exclusivement de la faculté des arts, mais surtout la crise qui se développe provient de ce que les artiens, entraînés par la découverte croissante des ouvrages physiques et moraux d'Aristote au delà de la logique, inscrivent peu à peu dans leur programme des matières jusque-là réservées en fait aux théologiens » (p. 45). Je crois aussi que, du point de vue de l'atmosphère intellectuelle, la Faculté des Arts a été un milieu très vivant et créateur.

Ce serait aussi un moyen de préciser les problèmes de vocabulaire, la nature du latin scolastique comme « instrument de travail », l'importance des « techniques textuelles », les rapports entre grammaire et théologie, si bien étudiés par Jean Jolivet chez Abélard. Il a attiré mon attention sur l'importance des mots, du vocabulaire et de la langue.

Parmi le quadrivium des « arts libéraux », le P. Chenu observe le faible développement de la mathématique. Celle-ci n'est pas encore venue informer les autres sciences et ne joue pas un rôle éminent. On peut certes discuter l'usage du mot « science » chez le P. Chenu – car il n'a peut-être pas toujours suffisamment tenu compte des changements survenus dans le sens des mots et dans leur contexte lorsqu'on passe des sciences médiévales aux sciences modernes. L'outil mathématique a manqué aux savants du Moyen Âge, le P. Chenu l'a bien perçu, tout comme l'insuffisance du cadre propédeutique des « arts mécaniques ».

Il met ailleurs le doigt sur la résistance du mouvement intellectuel à la reconnaissance d'une dignité réelle des arts appelés mécaniques face aux arts dits libéraux (cf. sa note dans la *Rev.Sc.ph.th.*, 1940, p. 313-315 : « Arts "mécaniques" et œuvres serviles »). Le maintien, comme dans l'Antiquité, de ces « arts » à un rang déprécié signifié par les références au travail des serfs opposé à celui des hommes libres, écarte ce qui aurait pu manifester, en sortant de termes féodaux, le tournant vers une pensée plus moderne. Mais il a senti, ce qui fut pour moi une révélation décisive, qu'au XIIᵉ et au XIIIᵉ siècles « le travail n'est plus une fonction inférieure, mais un moyen de promotion » (*Introduction à l'étude de saint Thomas d'Aquin*, p. 14) et il a souligné le rôle de « la classe laborieuse et remuante des villes » (*ibid.*, p. 35).

4. *La ville et l'université*

Un élément considérable de ce que nous lui devons, moi-même et nombre de médiévistes, est l'importance accordée aux villes et au lien entre les villes et le mouvement intellectuel. C'est aujourd'hui devenu presque une banalité, mais, quand le P. Chenu écrivait dans sa bibliographie en 1939, c'était une découverte : « Le lieu spirituel de la renaissance du XIIᵉ siècle, c'est l'école urbaine au flanc des cathédrales, en face d'une école monastique dont le sort reste lié à une économie humaine périmée : école urbaine, au plein sens du mot, car la puissance nouvelle des villes et le régime des Communes sont au départ de leur essor, comme au principe de leur curiosité spirituelle; les corporations universitaires y sont préfigurées, dans leur population et leur indépendance » (p. 25). Il a reconnu « l'incoercible poussée des nouvelles élites se créant leurs organes de formation et de culture » (*Introduction...*, p. 20). Quant aux « corporations » : quand j'ai lu, en 1951, ce texte écrit en 1939, ce fut pour moi une illumination. Ce lien entre le mouvement universitaire et les villes était neuf.

Pourtant, si le P. Chenu pouvait émettre des formules rigoureuses qui ne craignaient pas d'exprimer des oppositions ou des conflits, il savait rendre justice aux mouvements qui n'avaient pas la même vivacité que ce qui l'intéressait le plus. La théologie monastique était à ses yeux loin d'être morte.

Un point par ailleurs me sépare du P. Chenu : il voit bien comment les écoles urbaines et les universités ont été ouvertes sur la société et ne peuvent être séparées d'elle. Mais il me semble que, dès leur début, on voit s'ébaucher en elles des signes d'une fermeture et d'un repli, une annonce de leur dépérissement, qu'il ne décèle pas, fasciné qu'il est par leur dynamisme. Elles garderont certes leur importance du fait de leur rôle intellectuel considérable dans les sciences, et là elles demeureront en contact avec la vie de la société.

5. *Une société d'ordres*

Ainsi se dessine une image de la société médiévale : une société faite de milieux sociaux et professionnels divers, qui ne se laissent pas enfermer en une seule catégorie. Des ordres, ou des classes, même si le P. Chenu emploie rarement ce dernier mot qui lui semble mal adapté. « Ordre », en revanche, revient souvent dans son œuvre, avec un point de vue presque philosophique. Dans une très belle page de *La théologie au XII*^e *siècle* (p. 241, dans le merveilleux chapitre intitulé : « Moines, clercs, laïcs. Au carrefour de la vie évangélique »), il montre la modification du terme *ordo* du XIIe au XIIIe siècle. Il se réfère (cf. p. 227ss) à un ouvrage dont nous n'avons que la première partie (sans qu'on puisse savoir si les autres ont été écrites ou non) : *Liber de diuersis ordinibus et professionibus quae sunt in Ecclesia*, daté de 1125-1130 et probablement écrit par un chanoine de Liège, Raimbaud. Toute l'idée d'*ordo* y est déjà présente.

Toutefois, dans la société du P. Chenu, il n'y a pas beaucoup de paysans. Ils constituaient pourtant 90% de la population et il est donc difficile de réfléchir sur le Moyen Âge sans en tenir compte. On les rencontre dans les prédications, mais ce n'est pas une littérature que le P. Chenu a spécialement étudiée. C'est peut-être lié à son intérêt pour les ordres mendiants, qui étaient urbains et ne parlaient des *rustici* qu'en termes défavorables. Les ordres monastiques, eux, étaient dans le monde rural. Le P. Chenu ne parle d'ailleurs pas beaucoup de la culture populaire. On retrouve pourtant indirectement ces catégories chez lui puisque c'est une vision globale de la société qu'il propose. Il traite aussi quelque peu de ces masses populaires dans les belles pages qu'il a données sur la pauvreté, écrites bien avant les études conduites par Michel Mollat, qui ont renouvelé le sujet.

6. *Le nouveau*

Cette société des XIIe et XIIIe siècles apparaît comme tout entière prise dans un mouvement qui la rassemble et la pousse en avant. Elle est ardemment créatrice. Et, dans les villes, des professionnels élaborent une théologie pour vivifier le progrès de l'histoire qui se construit en eux, par eux et avec eux, et pour créer un « humanisme » nouveau. C'est là un autre terme fondamental pour le P. Chenu : « nouveau ». Il s'émeut à l'émergence dans l'histoire de ce qui est nouveau. C'est ainsi que, pour revenir aux *Études de philosophie médiévale*, il parle d'un article du P. Vicaire (« Les Porrétains et l'Avicennisme avant 1215 », *Rev.Sc.ph.th.*, 26, 1937, p. 449-482) : « Tous ces points, nous les trouvons exposés dans une étude du P. Vicaire, qui est peut-être la plus neuve et la plus suggestive monographie parue ces années-ci sur les zones inconnues du moyen âge » (p. 28).

Le P. Vicaire a en effet montré, dans son travail ultérieur sur *Saint Dominique et ses frères*, combien la catégorie du « nouveau » caractérise la *Vita* de S. Dominique. Les débuts de l'Ordre des Prêcheurs sont placés sous le signe de la nouveauté. J'entends encore le P. Chenu s'écrier : « Oui, c'est vrai. Beaucoup disaient alors que *Novitas*, c'était la catastrophe. Mais à côté de cela, quel élan, quelle recherche, quelle ferveur pour la nouveauté ! » Avec son aptitude à mettre le doigt sur des aspects quelque peu ignorés ou laissés dans l'ombre par les historiens, il s'en prenait à l'idée, qui régnait alors, que les hommes du Moyen Âge avaient peur des nouveautés.

Il fut ainsi amené à se poser une question : le Moyen Âge, et en particulier ce Moyen Âge dynamique et novateur des xiie-xiiie siècles, a-t-il eu la notion du progrès ?

7. *Le progrès ?*

On pourrait penser qu'il faut aller chercher cette notion du côté des millénaristes qui croyaient en l'avènement futur d'une société meilleure et presque parfaite sur terre. N'était-elle pas héritée de Joachim de Flore ? Georges Duby et moi aimions à dire que les Franciscains et les Fraticelles joachimites, dans le milieu traditionnel de l'Église, ce sont les gauchistes. Or, il y a souvent rencontre entre les traditionnels réactionnaires et les gauchistes. Ils se rejoignent sur une vieille idée, déjà formulée dans les « Chroniques universelles » : *mundus senescit*. On en a l'expérience, dit l'un : on voit que les hommes sont en train de rapetisser. Ce thème du déclin est reçu, il circule, mais il est en train de devenir réactionnaire. Une grande partie des millénaristes le reprennent avec plaisir, car ils ont là une explication qui rejoint leur tradition : nous sommes au bout des *aetates mundi*. Il y a aussi des mouvements qui vont dans le sens d'une idée de progrès sans que cela arrive à cette forme ni à un état de conscience. N'est-ce pas le cas des laudateurs des nouveautés, qui les voient comme des réalités positives ? Le P. Chenu a bien mis cela en lumière. Certaines de ces nouveautés, nous les appellerions volontiers des progrès.

On discerne cependant dans la vie économique une idée, apparue, balbutiante, dès l'époque carolingienne et devenant alors très consciente, une idée qui suscite des pratiques : c'est celle d'accroissement ; en particulier, l'accroissement des rendements dans l'économie rurale. Cela se voit dans la politique des possesseurs de grands domaines, c'est-à-dire surtout les moines, qui mettent en œuvre au xiiie siècle une politique d'incitation au rendement. De même, on observe, dans le domaine financier et dans le commerce, l'idée de la possibilité de bénéfices croissants. Je n'ai pas rencontré de théorisation de ce sentiment, mais je pense qu'il l'emporte désormais sur l'idée d'un monde en train de dépérir : celle-ci se trouve repoussée, car compromise par les millénaristes. Elle commence à sentir le soufre.

Le progrès ? C'est parfois le cas au sens où nous l'entendons avec une connotation valorisante, mais parfois c'est simplement l'avancement de l'histoire qui met un pas devant l'autre sans aller pour cela vers le meilleur et sans qu'il y ait pour autant une claire idée du progrès. Celle-ci n'apparaîtra qu'avec la science du xviie siècle, qui sera l'étape décisive. Mais je pense qu'on en trouve des germes significatifs aux xIIᵉ et xIIIᵉ siècles. Même là où Chenu semble s'abandonner à son optimisme, c'est cela qu'il percevait.

Nous pouvons conclure par une citation de l'*Introduction à l'étude de saint Thomas d'Aquin*, de 1950, manifestant cet optimisme que n'a pas entamé l'expérience des années trente et quarante du xxᵉ siècle : « L'imitation des Anciens, nous l'avons dit, n'a pas étouffé l'inspiration, et tout d'abord l'inspiration religieuse. Renaissance et évangélisme furent créateurs, dans cette *renovatio temporis* dont François d'Assise et Thomas d'Aquin furent les maîtres. Le mot tradition n'était pas encore appesanti par les controverses protestantes, ni par les philosophies à la Bonald : et le fidéisme fait tache sur la physionomie médiévale. Quoiqu'ils aient peu réfléchi sur leur propre dynamisme, et qu'ils aient manqué du sens de l'histoire, ces gens ont pressenti parfois avec une force étonnante le progrès qui soulève l'humanité de génération en génération » (p. 58-59).

« AU MILIEU DU MILLÉNAIRE MÉDIÉVAL »

Pour le P. Chenu, dans le mouvement perpétuel de l'histoire, il est des époques où les mouvements sont plus profonds, plus vifs : les deux siècles qu'il a surtout étudiés sont de ceux-là. Le grand siècle, pour lui, fut le xIIIᵉ siècle. Dans le passage du xIIᵉ au xIIIᵉ, il voit un saut qualitatif. J'avoue que, pour ma part, je suis plus passionné par le xIIᵉ siècle – et je me risque à dire que l'Ordre des Prêcheurs est un des plus beaux fruits de ce xIIᵉ siècle ! Ce fut un temps d'effervescence, de bouillonnement, de naissances, et le xIIIᵉ – d'autres l'ont déjà dit – fut le temps de la mise en ordre, une mise en ordre qui reste créatrice, j'en suis d'accord avec le P. Chenu. Ainsi par exemple, la scolastique oppose les arguments des uns et des autres, chacun se répondant dans une *disputatio* bien ordonnée. Alors qu'au xIIᵉ siècle, cela fuse : *alii dicunt, alii dicunt*, sans respecter le bon ordre de la discussion.

Les dernières lignes de *La théologie au xII ᵉ siècle* disent très bien comment, à certaines époques, il y a convergence de phénomènes que nous classons dans des catégories différentes, qui paraissent disjoints et qui pourtant expriment un même mouvement de la société. « 1215 : cette année du concile œcuménique de Latran est en même temps l'année de la première législation de l'Université de Paris (statut promulgué par Robert de Courçon) et l'année de l'approbation publique des Mineurs et des Prêcheurs : deux faits nouveaux, qui définissent authentiquement le progrès de l'Église, au milieu du millénaire médiéval » (p. 398). Ce progrès de l'Église, ce plaisir d'embrasser tout un millénaire, là encore, tout le P. Chenu est en ces lignes...

Groupe d'Anthropologie Historique
de l'Occident Médiéval
É. H. É. S. S.
54, boulevard Raspail
75006 Paris

Résumé de l'article. — Le Père Chenu et la société médiévale. Par Jacques Le Goff.

Une lecture des Études de philosophie médiévale (1939) a suscité la rencontre de l'œuvre du P. Chenu et d'une théologie vivante car constamment ancrée dans l'histoire, afin de manifester « l'historicité de l'éternité ». L'attention portée par le P. Chenu aux caractéristiques du métier de théologien lui permit de replacer le travail de S. Thomas dans les conditions matérielles et intellectuelles de l'exercice de cette profession. D'un inventaire des apports propres du P. Chenu à la connaissance de la société médiévale, on retiendra en particulier son analyse de la catégorie de « novitas », qu'il ne faut pas rabattre sur une théorie simpliste du progrès.

Summary. — Father Chenu and Medieval Society. By Jacques Le Goff.

A reading of Études de philosophie médiévale (1939) gave rise to an encounter between Fr. Chenu's work and a living (since constantly founded in history) theology, in order to bring to light the « historicity of eternity ». The attention Fr. Chenu gave to the characteristics of the job of a theologian allowed him to resituate Aquina's work in the material and intellectual conditions of the exercise of that profession. From an inventory of the riches that Fr. Chenu himself brought to the science of Medieval society, one should take particular note of his analysis of the category « novitas » which should not hark back to a simplistic theory of progress.

Rev. Sc. ph. th. 81 (1997) 381-394

M.-D. CHENU,
MÉDIÉVISTE ET THÉOLOGIEN

par Jean Jolivet

Des trois grands qui dès avant la guerre ont redonné de l'espace, en France, à l'étude de la philosophie médiévale, Étienne Gilson l'a décrite dans son ampleur entière tout en expliquant que l'essentiel s'en concentrait en un seul génie – conception qui fait si frugal l'*index nominum* de son *Esprit de la philosophie médiévale* au regard de ceux de ses deux grandes Histoires, la française et l'anglaise. Selon une méthode et dans un style bien différents des siens, Paul Vignaux a montré comment cette période qu'Auguste Comte avait déclarée « organique » foisonnait en une « diversité rebelle », selon la formule même de Vignaux, à toute tentative de la réduire à un ordre doctrinal simple. Le Père Chenu nous a rappelé, faut-il même dire appris, que tous ces maîtres en métaphysique, en théologie, existaient de façons diverses, avaient chacun sa vie spirituelle et que pour arriver à la porte de leur école il fallait passer par l'hôtel de ville et traverser la place du marché. Il n'y a pas d'action humaine, fût-elle au sommet de l'intellectualité, qui ne soit dans une situation, comme l'avaient déjà vu les médiévaux. Chenu le signale dans un des textes qui constituent sa *Théologie de la matière* (1967 ; ce texte est de 1960) : « le mot intraduisible *situalis* est employé par saint Thomas en étroite liaison avec *corporalis*, pour déterminer les conditions irréductibles de l'agir humain, de l'agir social en particulier, par opposition à l'agir d'un pur esprit » (*op. cit.*, p. 32). L'idée se lit dès 1937 dans son livre fondateur (et, en un sens, révolutionnaire, s'il est vrai qu'une révolution s'authentifie comme telle par les réactions qu'elle suscite); on y trouve ceci : la doctrine de saint Thomas « si haute et si abstraite soit-elle, n'est pas un absolu, indépendant du temps qui l'a vue naître et des siècles qui l'ont nourrie : conditionnement terrestre de l'esprit, par où les contingences historiques et l'accident humain s'insinuent et s'inscrivent jusque dans la plus spirituelle pensée, et nuancent d'un discret relativisme l'armature des systèmes les plus cohérents et les plus unifiés » (*Une école de théologie : le Saulchoir*, 2ᵉ éd., 1985, p. 125-126). Plus haut Chenu avait rappelé que « à la corporation du métier répond, sur le plan intellectuel, l'université » (*op. cit.*, p. 96), et replongé l'institution des Ordres mendiants dans son « milieu connaturel » fait d'« effervescence sociale, culturelle, spirituelle » (*ibid.*). Et encore, à un niveau plus spécial, il a décrit la correspondance entre l'apparition d'une nouvelle science dominante dans la culture d'une époque et la constitution d'une nouvelle figure de la théologie (*op. cit.*, p. 117-118). Mais ces textes sont évidemment l'expression d'une pratique histo-rienne antérieure ; on peut la saisir aussi bien dans un article de 1923 recueilli dans *La Foi dans l'intelligence* (1964), où Chenu envisage de « reconstituer le milieu intellectuel et les cadres doctrinaux dans les-quels se sont développées la théologie de saint Thomas *et sa personnali-té même* (je souligne) : ce sera le commentaire historique de la *Somme théologique* (et du *Commentaire des Sentences*), que jadis le Père Denifle rêvait de composer » (*op. cit.*, p. 49-50). On pourrait remonter encore à l'époque évoquée par les Pères Dubarle, Féret, Congar, dans l'*Hommage différé au Père Chenu* (1990) : on y lira par exemple l'allusion du Père Féret au « besoin », chez Chenu, « de rejoindre les sources humaines et concrètes, et comme l'humus nourricier, des grandes synthèses doctri-nales du xiiie siècle » (*op. cit.*, p. 219). Et dans le « Post-scriptum » de 1985 qui clôt la nouvelle édition de *Une école de théologie* le maître lui-même note que dès le début « (ses) recherches historiques se conju-guaient, par une coïncidence significative, avec l'historiographie nou-velle, dégagée de l'histoire des grands hommes, penchée sur la vie quo-tidienne, les sensibilités élémentaires, les mentalités, l'anonymat des masses, l'oralité des récits, bref de la foi vécue, et pas seulement de la foi enseignée » (*op. cit.*, p. 176). Cette « historiographie nouvelle » est bien entendu celle des *Annales* de Lucien Febvre et Marc Bloch, dont le Père Chenu dit quelque part qu'il fut l'un des premiers abonnés (*Jacques Duquesne interroge le Père Chenu. « Un théologien en liberté »*, p. 51).

Cette conception d'ensemble, cette symbiose, comme nous le ver-rons, entre histoire et théologie (et une théologie, nous le verrons aussi, totale), se réitère et se précise tout au long de l'œuvre médiéviste du Père Chenu. La « Présentation » de l'*Introduction à l'étude de saint Tho-mas d'Aquin* (1950 ; réédition à l'identique en 1954) évoque la nouveau-té de la méthode appliquée dans cet ouvrage (« on le croit original au milieu des excellentes introductions ») et rappelle discrètement « l'animation orale et les expériences *spirituelles* (je souligne) ou textuel-les qui soutenaient constamment » l'enseignement dont il est sorti (*op. cit.*, p. 5). « Tout l'ouvrage », écrit ensuite Chenu, « est bâti sur la convic-tion que sont étroitement solidaires, dans leur comportement et dans leur vérité, et donc dans l'intelligence que nous en pouvons avoir, les œuvres d'un génie et l'humanité dans laquelle ces œuvres se plantèrent et portent fruit, au-delà de cette humanité même » ; les conditions de l'élaboration de l'œuvre, ajoute-t-il, « sont une efficace voie d'accès à cette vérité » (la vérité de l'esprit) « dans l'homogénéité de l'histoire comme dans l'éternité du vrai » (*op. cit.*, p. 6). L'histoire, dirions-nous, entièrement assumée n'en est pas moins surplombée : ainsi se précise sans se renier le « discret relativisme » suggéré dans *Une école de théo-*

logie. Relevons encore dans cette « Présentation » trois lignes dont il faut apprécier toute la substance : « Nous avons confiance que, chapitre par chapitre, le lecteur sentira croître en lui la perception de la vie intérieure de saint Thomas, à mesure qu'il découvrira en sous-œuvre les composantes sociales de sa pensée, de son travail, de ses sources, de ses méthodes » (*ibid.*). Cette dialectique de l'intérieur et de l'extérieur – car le « travail » va de l'intérieur vers l'extérieur, le « social » – est de celles qui caractérisent les perceptions historiques de Chenu, comme celle de l'intellect et de la spiritualité ; il écrit quelques lignes plus bas : « Un commentaire d'Aristote, un commentaire de la Bible, un quodlibet, une somme ne sont pas des réceptacles amorphes à l'usage indifférent d'une pensée pure : ils ont, avec leurs lois, leur comportement spirituel » (*ibid.*). – Quant au corps du livre, on sait comment il est agencé. Il a deux parties : « L'œuvre », « Les œuvres ». La première commence par présenter « l'œuvre dans son milieu », et c'est le plus long des douze chapitres que compte au total l'ouvrage ; puis viennent les genres littéraires représentés dans les œuvres de Thomas d'Aquin, leur langue et leur vocabulaire, les procédés de documentation, les procédés de construction. La deuxième partie consacre trois chapitres aux commentaires d'Aristote et de Denys, de la Bible, de Pierre Lombard et de Boèce ; puis un chapitre, respectivement, aux questions disputées, à la *Somme contre les Gentils*, à la *Somme théologique*, aux opuscules. À la fin de la première partie Chenu rappelle que l'esprit qui rend « intemporelles et permanentes » telle philosophie, telle théologie, ne peut être atteint qu'à travers les « éléments systématiques » qui sont, eux, « solidaires de leurs sources et de leurs contextes historiques ». « Le temps », poursuit-il, « n'est donc pas extérieur à la pensée », et il met en garde contre « la tentation de définir l'essence du thomisme par des formules indépendantes des œuvres et contingences où elle s'est exprimée » (*op. cit.*, p. 169). On reconnaît ici le parti et le programme exposés dans *Une école de théologie*. On ne peut donc comprendre le thomisme sans s'attacher à lire S. Thomas dans sa lettre, car de cette lettre le sens est inséparable. Ce livre est bien une introduction : l'ayant lu, on n'a plus qu'à étudier le corpus, et l'on aura remarqué qu'aucun chapitre n'est consacré expressément à des points de la doctrine ; celle-ci n'apparaît qu'allusivement et de façon dispersée. Pour bien saisir ce qu'a construit S. Thomas, nous dit en somme Chenu, il faut visiter d'abord son atelier, sa carrière, examiner la forme de ses outils.

La Théologie comme science au XIIIᵉ siècle traite dans ses trois états successifs (1927, 1942, 1957) d'un problème très spécial et très central à la fois puisqu'il s'agit là de la nature de la théologie ; on y suit le cheminement d'une analyse ardue appliquée au contenu d'une ample érudition. Quant à notre objet présent, qui est la méthodologie historique de Chenu, on dirait peut-être mieux sa stratégie historique, nous pouvons en retenir deux ou trois points. D'abord une vue cavalière du travail de la théologie aux XIIᵉ et XIIIᵉ siècles, qui passe de la dialectique, qui est « une technique d'élaboration verbale et conceptuelle », à une « philosophie de l'esprit » qui « comporte une connaissance du monde et de l'homme » (*op. cit.*, 3ᵉ éd., p. 18). Si l'on remonte à la renaissance

carolingienne, on voit régner successivement sur les méthodes d'élaboration théologique la grammaire, puis la dialectique telle qu'y était encore réduit Abélard, puis la *logica nova*, enfin la philosophie d'Aristote
(*op. cit.*, p. 18-21). Celle-ci fournit un contenu philosophique et scientifique très mal connu jusqu'alors, sinon inconnu, et elle figure à ce titre
parmi les « facteurs nouveaux » agissant sur l'histoire de la théologie.
Trois autres de ces facteurs ressortissent aux rapports sociaux spécifiques au monde de l'école : ce sont les développements et les diversifications des institutions et des programmes universitaires ; la technique
des *quaestiones*, qui revient à poser des problèmes spéculatifs extrascripturaires ; la pratique de la *sententia* magistrale (*op. cit.*, p. 22-26). Si
tous ces faits caractéristiques de la sphère intellectuelle profane ont
une importance théologique, c'est qu'à chacune de ses époques, la théologie, comme nous l'avons vu, est « solidaire des voies et moyens des
pédagogies textuelles de la culture contemporaine » et tout spécialement de celles qui concernent le langage. En effet « la parole de Dieu
s'est exprimée en langage humain » et cette « écriture divine » est « à la
base de la théologie » (« à base de texte » : tel est le premier sous-titre
du chapitre premier). Cette écriture divine donc doit être interprétée au
moyen des techniques qu'on applique au langage humain (*op. cit.*, p. 16).
Ainsi la méthode historique qu'a définie et pratiquée Chenu est fondée
en dernière analyse sur le fait et le mode mêmes de la révélation ; la
nature de toute théologie, qui est de reposer sur des textes, fait le
moyen terme entre cette méthode et le parti pris par Dieu de se faire
connaître à travers les langages des hommes.

La Théologie au douzième siècle est un recueil de dix-huit textes dont
onze étaient inédits à la date de parution (1957) ; les sept autres
s'échelonnent de 1925 à 1954, dont cinq de 1951 à 1954. On peut donc
considérer que le contenu de ce livre date des années cinquante tout
comme l'*Introduction à l'étude de saint Thomas d'Aquin* et la troisième
édition de *La Théologie comme science au XIIIe siècle*. De ces trois ouvrages contemporains, les deux derniers cités analysent des constructions
théoriques en les rapportant à leurs instruments et environnements au
sein même de leur propre sphère ; le troisième étend et approfondit
l'examen en le portant sur les conditions historiques et sociales. Son
« Avant-propos » formule une prise de position méthodologique :
« L'histoire, croyons-nous, doit atteindre les sous-sols des textes, des
controverses, des systèmes, des génies eux-mêmes, s'il est vrai que le
génie est celui dont les paroles ont plus de sens qu'il ne pouvait leur en
donner lui-même » (*op. cit.*, p. 11). Ce non-dit, cet impensé se révèle au
chercheur qui s'ingénie à « dégager les méthodes, et sous les méthodes
enseignées, les mentalités implicites, qui, au-delà des systèmes et des
controverses, déterminent l'évolution » du XIIe siècle (*ibid.*). L'historien a
donc « l'ambition de saisir les corps sociaux eux-mêmes, les conditions
de leur fonctionnement, mental ou institutionnel » (*op. cit.*, p. 12), car
l'histoire proprement intellectuelle et l'histoire des institutions sont
« étroitement solidaires » (*ibid.*). Le programme est donc d'interpréter
les faits et les textes « par une recherche passionnée des liaisons internes, des apparentements à demi conscients, des déterminismes institu

tionnels ou spirituels » (op. cit., p. 14). Certes la moitié ou presque de ces textes traitent de niveaux très techniques de la vie mentale, par exemple les chapitres où sont étudiés les rapports de la grammaire et de la théologie au XIIᵉ siècle, « L'Ancien Testament dans la théologie médiévale », ou encore « L'éveil métaphysique »; on pourrait en citer d'autres. Mais dans la première partie (intitulée pourtant « la première scolastique »), plusieurs chapitres analysent la perception de la nature et la perception de l'histoire au XIIᵉ siècle et leurs divers rapports. Ce sont les chapitres I (« La nature et l'homme. La Renaissance du XIIᵉ siècle »), II (« Cur homo? Le sous-sol d'une controverse »), III (« Conscience de l'histoire et théologie ») et VII (« La mentalité symbolique »). Je relève notamment dans le premier l'énumération des techniques qui se développent ou apparaissent à cette époque et une conclusion qui relance l'analyse : « Dans cet univers mécanique, l'homme sort de l'empirisme confus, dépersonnalise son action, devient sensible à la densité objective et à l'articulation des choses sous la domination des lois naturelles » (op. cit., p. 47-48). Le troisième évoque entre autres choses une façon nouvelle de percevoir les divisions du temps, largement mise en rapport avec les circonstances historiques et politiques. Ces deux thèmes de la nature et de l'histoire reviennent ensemble dans le chapitre sur la mentalité symbolique (et son titre ne le laissait pas prévoir). La seconde partie (« Réveil évangélique et science théologique ») a dans ses neuf chapitres quatre textes qui portent sur des structures sociales. Les deux premiers (chapitres X et XI) s'intitulent respectivement « Moines, clercs, laïcs. Au carrefour de la vie évangélique » et « Le réveil évangélique ». Ces formules sont assez explicites pour ne pas demander de commentaire – sinon, car on y reviendra, qu'elles insistent sur les rapports étroits entre une certaine forme, une certaine allure de la théologie et « les contextes apostoliques et sociaux », selon le premier sous-titre du second des chapitres évoqués. Deux autres étudient la structure sociale des écoles dans son rapport à la science théologique, par le biais de « l'avènement des maîtres » (premier sous-titre du chapitre XV) et de leur activité spécifique. Il serait intéressant de comparer le détail de ces chapitres avec l'Introduction à l'étude de saint Thomas d'Aquin et notamment avec sa seconde partie, intitulée, on s'en souvient, « Les œuvres », qui analyse les genres littéraires pratiqués par les magistri du XIIIᵉ siècle.

La « Conférence Albert le Grand » de l'année 1968, publiée en 1969, pourrait être considérée comme un chapitre supplémentaire du livre que nous venons de parcourir : intitulée L'éveil de la conscience dans la civilisation médiévale, elle est entièrement consacrée au XIIᵉ siècle vu à travers quelques personnages, groupes ou thèmes : Abélard, Cîteaux, Saint-Victor, le socratisme chrétien, l'amour courtois... Nous n'en retiendrons qu'un passage qui figure dans ses toutes premières pages. C'est d'abord une déclaration de principe qui fait écho à l'avant-propos de La Théologie au douzième siècle : elle dénonce l'insuffisance de l'histoire telle qu'elle est communément pratiquée en matière de philosophie et de théologie et qui oublie « la réalité... perçue dans sa densité concrète, capiteuse pour l'esprit... au-delà des spécifications... À la lettre,

c'est une histoire *littéraire*, s'attachant aux expressions, aux concepts
élaborés, laissant en marge, dans les préalables, les sensiblités sponta-
nées, les émotions collectives, les situations psychologiques ou morales,
et tout cet "imaginaire" qui ne fut ni défini ni définissable » (*op. cit.*, p. 9-
10). Puis Chenu note que « s'affirment aujourd'hui... en réaction contre
les cloisonnements tant doctrinaux qu'institutionnels, les requêtes et
l'urgence d'un travail interdisciplinaire ». Il finit en évoquant une autorité assez peu attendue, celle d'Auguste Comte, en une longue citation
qui se termine ainsi : « On ne peut connaître la véritable histoire de
chaque science, c'est-à-dire la formation réelle des découvertes dont
elle se compose, qu'en étudiant, d'une manière générale et directe, l'histoire de l'humanité » (*op. cit.*, p. 10-11). On pourrait encore citer d'autres
textes qui se rattacheraient aisément à ces vues de Chenu sur les conditions historiques et sociales des spéculations théologiques et même
sur celles du xiie siècle en particulier ; par exemple un article intitulé
Civilisation urbaine et théologie. L'École de Saint-Victor au xiie siècle, paru
dans *Annales. Economies, Sociétés, Civilisations* en 1974. L'immense bibliographie de Chenu en pourrait fournir bien d'autres encore. La
chose qui importe est d'avoir marqué que le cap pris au Saulchoir dans
les années vingt, la méthode proposée dans *Une école de théologie*, ont
été fidèlement gardés pendant cinquante années et plus. Il s'agit toujours de plonger dans le milieu divers, vivant, agité d'où elles sont nées
et dont elles se sont nourries les doctrines théologiques dont on se propose de faire une histoire exacte, ni au-delà ni en-deçà de leurs formu-
lations, mais à l'intérieur de leur lettre même.

Il n'a échappé à personne, j'en suis certain, que dans ce parcours
trop rapide de l'œuvre du Père Chenu j'avais laissé de côté son ouvrage
préféré, dit-on, son *St Thomas d'Aquin et la théologie* publié en 1959
(l'imprimatur est de la fin de 1957). Cet ouvrage d'histoire, puisqu'il
traite d'un maître du xiiie siècle, a paru dans une collection qui a pour
titre « Maîtres spirituels ». Il est pour moi comme une plaque tournante,
car après avoir tenté de caractériser la méthode historiographique de
Chenu, je vais tenter d'en élaborer ce que je n'oserais appeler une genèse phénoménologique, ce serait pédant et prétentieux, mais en tous
cas quelque chose qui ressemblerait à une reprise par l'intérieur de son
origine et de son développement. Revenons à ce *St Thomas d'Aquin*. Il
n'est pas facile de caractériser ce petit livre d'une densité rare (mais de
quel livre de Chenu n'en dirait-on pas autant ?). Son sujet est à la fois la
biographie et la pensée de S. Thomas, mais elles ne sont pas traitées
dans des chapitres distincts, ou du moins il n'en est pas toujours ainsi.
D'autre part, si j'ai dit *pensée* et non *doctrine*, c'est parce qu'on n'y
trouve rien ou presque des grandes options thomistes en matière de
métaphysique et d'épistémologie : ainsi la distinction réelle de l'essence
et de l'existence n'est évoquée que par quelques mots entre tirets, au
milieu d'une phrase. Rien d'étonnant à cela puisque ce n'est pas le sujet.
Ce livre en somme fait pendant à l'*Introduction à l'étude de saint Thomas
d'Aquin*, c'est le même parti pris de laisser apparemment des vides pour
faire saillir quelque chose de moins couramment connu, qui n'en est
pas moins essentiel : S. Thomas saisi, là dans son geste, ici dans son

intériorité inintelligible sans son extérieur. Car le sujet, c'est l'existence
historique et spirituelle de S. Thomas, les conditions concrètes qui en
son milieu et en sa personne ont fondé ses démarches spirituelles et
intellectuelles de théologien et de saint du XIIIᵉ siècle; démarches dont
l'allure est rigoureusement datée, mais par lesquelles il est resté un
« maître spirituel ». On aura reconnu dans cette situation ce que Chenu
dit ailleurs à propos des doctrines théologiques. Telle étant la perspective dans laquelle ce livre est placé, on peut s'attendre à y trouver les
mêmes vues que dans ceux que nous avons rapidement survolés. Ainsi,
à propos de la vocation de prêcheur de Thomas, Chenu évoque
« l'homme nouveau en train de naître » et dont sa famille, d'esprit traditionnel, n'avait pas « l'intelligence » (*op. cit.*, p. 10) et dont il va tracer
la figure en décrivant le moment historique. Citons encore, presque au
hasard, les pages sur la ville comme « milieu connaturel » des frères
mendiants et l'esquisse de leurs couvents, « bâtiments pauvres, occa-
sionnels, dans les faubourgs populaires et estudiantins » (p. 13); la relation entre le réveil évangélique et la pauvreté (p. 15); ou encore, bien
plus avant dans le livre, à propos de la « nouvelle chrétienté » et des
« nouveaux apôtres », cette remarque de pure histoire mais où il est
loisible de voir une discrète allusion autobiographique : « plus les nouvelles équipes sont libérées spirituellement et évangéliquement, plus
elles s'engagent dans le monde, dans son économie, dans sa culture,
dans ses aspirations et ses formations, universitaires ou autres » (*op. cit.*,
p. 101). Toutefois, redisons-le, la sociologie encadre ici une destinée
personnelle et « la spiritualité de S. Thomas, docteur de l'Église parce
qu'il est maître en théologie » (p. 34). Sur ce point il faut citer particulièrement deux longs développements. Le premier se trouve dans le
deuxième chapitre (« Le maître en théologie »); le second sous-chapitre,
« Foi et théologie » (p. 33-47), y est en fait une méditation, très structurée et très dense, sur la naissance et le développement de la théologie à
l'intérieur de la foi. La *fides quaerens intellectum* devient « euphorie
théologale et théologique », « *sobria ebrietas* » (p. 39). Le second passage
est le troisième chapitre, intitulé « le contemplatif » (*op. cit.*, p. 53-76). La
contemplation y est présentée comme « un acte de la vie théologale,
c'est-à-dire de la vie divine en nous participée » (p. 54); le deuxième
sous-chapitre (« Contemplation et action ») met en rapport la contemplation, la foi évangélique, la vie apostolique (p. 58-60), et fait de la
théologie un savoir indivisiblement contemplatif et actif. La suite du
chapitre traite des relations entre la structure de l'âme et l'expérience
mystique, du caractère objectif de la spiritualité, de la situation du contemplatif dans l'univers tel que S. Thomas en a reçu de Denys la conception et dans lequel « l'ex-stase » est « l'acte propre de cette contemplation, où *theoria* et *praxis* sont unifiées » (p. 76). C'est sans doute dans
ces deux chapitres que se trouve l'accès à un acte de compréhension
qui permettrait de saisir l'unité profonde de la pensée de Chenu et de
son action, ou en tous cas la connexion entre sa stratégie d'historien, ses
conceptions théologiques, et sa pratique. Pour y aboutir nous allons
tenter de développer, en une suite de moments organiquement articu-
lés, l'implication réciproque de diverses instances qui sont en fait des
aspects de la pensée et de la vie de Chenu.

Le point de départ ne peut en être qu'historique : ce sera le *De contemplatione*, la thèse sur la contemplation présentée à l'Angelicum en 1920; on peut en prendre une bonne connaisance grâce à l'édition partielle qu'en a donnée G. Conticello, avec un précieux commentaire et des notes qui le sont tout autant, dans la *Revue des Sciences philosophiques et théologiques*, 75, juillet 1991, p. 363-422. Le fil directeur en est une exigence d'unification en vertu de laquelle Chenu refuse l'opposition entre la connaissance théologique et la connnaissance mystique (*op. cit.*, texte latin p. 392, et *passim*). Il affirme que « la théologie, en tant que science suprême, est au plus haut point une et joint intimement, dans son habitus parfait, la certitude de la spéculation et l'expérience de l'amour profond » (*ibid.*). Surtout, du moins pour ce qui nous occupe, il pose que la vie mystique se développe pleinement « dans un acte au plus haut point intellectuel » (*in actu maxime intellectuali*, p. 383). Il rejette le dualisme entre la sagesse et la science – et ce rejet « est resté un des points fermes du thomisme du P. Chenu », note G. Conticello, qui continue ainsi : « On ne saisit pas le sens qu'il donne à la contemplation si l'on ne discerne pas qu'elle constitue l'unique champ d'intelligibilité de la lumière de la foi et de la science théologique, *speculatio* en tant que *contemplatio* » (p. 399, avec renvoi à un article de 1971). Que la théologie se développe en « continuité organique » avec la foi, cela se retrouvera dans *La théologie comme science* (p. 79-80), avec une citation de Thomas d'Aquin : *fides est quasi habitus theologiae*; et encore, p. 106 du même ouvrage : la théologie « s'équipe en discipline scientifique » parce qu'elle est « entraînée par une foi exigeante »; « C'est l'évangélisme qui commande en renaissance chrétienne, non l'imitation de l'Antiquité ni l'utilisation de ses philosophes » (*ibid.*). C'est ce que redira presque à la lettre le *St Thomas d'Aquin et la théologie* : « la foi évangélique prend à son compte l'analyse rationnelle pour entrer en pleine intelligence et possession d'elle-même. Le prêcheur Thomas d'Aquin est fidèle à l'inspiration évangélique de Dominique en se définissant contemplatif » (*op. cit.*, p. 58-59; noter ici la récurrence de l'idée dominante de la thèse). C'est bien pourquoi « Thomas d'Aquin est saint dans et par sa fonction de théologien » (*op. cit.*, p. 43); or cela aussi reprend un passage du *De contemplatione* : « nous affirmons que l'intellectualisme de saint Thomas est suprêmement apte à faire acquérir la plénitude de la vie en union avec Dieu » (*op. cit.*, p. 383).

Donc la thèse de 1920 et le petit livre de 1959 invitent également à une *imitation de Saint Thomas*, l'un et l'autre en le désignant comme un contemplatif, et le second, œuvre d'un théologien chez qui l'historien a mûri, en y ajoutant l'évangélisme, autre dimension de sa spiritualité. Mais si la spiritualité thomiste originaire est théologique, ou mieux, théologienne, il faudra pour imiter Thomas faire de la théologie à sa manière, c'est-à-dire, au vingtième siècle, autrement qu'à la lumière des « vingt-quatre thèses thomistes » ou de la théologie moderne en général si du moins, comme le disait en 1937 *Une école de théologie*, « le statut des disciplines théologiques sur lequel nous vivons est celui des XVIᵉ-XVIIᵉ siècles, non celui des Sommes médiévales » (*op. cit.*, p. 129). Ce même ouvrage détaille ce qu'il faut faire pour « rejoindre saint Thomas », en « retrouver l'esprit conquérant ». C'est d'abord, quant à la méthode, « retourner à la *position des problèmes* par-delà les conclusions depuis toujours acquises », « ne jamais préjuger d'une "question" au nom d'une "conclusion" » (*op. cit.*, p. 123). C'est aussi le considérer dans son être historique et tenter de saisir, à la source même de son invention, son « esprit en travail », « entrer dans le mouvement de sa recherche », pratiquer la lecture de son texte « à la lumière des procédés modernes de l'exégèse » (*op. cit.*, p. 124-125). Or on ne peut rien faire de tout cela si l'on ne connaît pas dans le détail les circonstances dans lesquelles cet esprit a travaillé : « Saint Thomas ne saurait entièrement s'expliquer par saint Thomas lui-même, et sa doctrine, si haute et si abstraite soit-elle, n'est pas un absolu, indépendant du temps qui l'a vue naître et des siècles qui l'ont nourrie : conditionnement terrestre de l'esprit, par où les contingences historiques et l'accident humain s'insinuent et s'inscrivent jusque dans la plus spirituelle pensée » (*ibid.*; on a déjà cité ce texte-clé). Tel est bien le programme qu'a suivi l'*Introduction à l'étude de saint Thomas d'Aquin* pour la méthode, et le *St Thomas d'Aquin et la théologie* plus radicalement puisqu'il prend en compte la situation historique globale. Or ce dernier livre, et aussi *La Théologie au douzième siècle*, mettent fortement l'accent sur le mouvement évangélique des xiie et xiiie siècles au sein duquel apparaissent et auquel concourent les Ordres mendiants. Le quatrième chapitre du *St Thomas* est entièrement consacré au « héraut d'une nouvelle chrétienté ». Autant ou plus (car plus profondément) que dans son métier de professeur, le travail de Thomas prend son sens dans son engagement apostolique de frère prêcheur. Plus spécifiquement dans son cas et sa fonction, il s'agit du « dialogue » proposé par la *Somme contre les Gentils*, certes. Mais aussi bien son enseignement intègre « la passion évangélique de l'Évangile » où s'abolit « le dualisme grec de la *theoria* et de la *praxis* »; et Chenu cite un passage de la *Question disputée sur la charité* où il lit « en filigrane une confidence de Thomas d'Aquin, résorbant pour son compte la séduction de la pure contemplation dans l'éminente action évangélique du frère prêcheur » (*op. cit.*, p. 63). *Une école de théologie*, dont le sujet principal est l'enseignement au Saulchoir sur la base des méthodes historiques, cite dès ses premières pages les Constitutions de l'ordre des Prêcheurs : *praedicantes et docentes ex abundantia et plenitudine contemplationis*, « prêchant et enseignant à partir du regorgement et de la plénitude de la contemplation » (*op. cit.*, p. 96). En-deçà même de ce livre des origines, c'est bien l'inspiration de la thèse de 1920 qui transparaît dans l'ensemble de l'œuvre médiéviste de Chenu. Lui-même a résumé parfaitement cela dans un texte paru en 1988 (« De la contemplation à l'engagement », *La vie spirituelle*, janv.-fév. 1988, p. 99-102). Il y évoque pour commencer l'importance de l'expérience comme « lieu théologique » alors qu'« un certain souci d'orthodoxie, au temps d'un antimodernisme sommaire », la tenait pour suspecte « jusqu'au mot ». Sa thèse de doctorat avait pour but plus ou moins conscient de formuler « scientifiquement » une « expérience intense éprouvée pendant un séjour occasionnel au couvent d'études du Saulchoir ». Puis, « amené », comme il dit, à étudier la première question de la *Somme théologique*, il y découvre une conception de la théologie qui en fait « une réfraction de la science de Dieu dans l'esprit humain opérée par une foi embranchée dans la raison » (p. 100). Puis encore un contact avec des aumôniers de la Jeunesse Ouvrière Chrétienne l'amène à se « constituer un schéma de travail établi sur la cohérence d'une doctrine et d'une praxis » – à donner donc à la théologie ses deux dimensions de « spéculative » et de « pratique », ce qu'il retrouvera, dit-il, dans l'ecclésiologie de Vatican II. La suite de ce court texte évoque sa présence « aux lieux où l'Esprit exerce sa créativité par des innovations opportunes dans le monde en mutation », et le discernement des signes des temps. Ces thèmes ressortissent plus spécifiquement à la théologie, mais on en voit bien la consonance avec les pages où Chenu évoque en historien les mutations des XIIe et XIIIe siècles aussi bien que leurs mouvements évangéliques. Attentif au monde et à ses événements, comme il le dit encore vers la fin du dernier texte cité, il ne sépare jamais la théologie et l'histoire, jusqu'à écrire – pour nous en tenir au sujet de la présente analyse – que « en quelque manière l'histoire de la théologie est intérieure à la théologie même. Une histoire parfaite de la théologie aboutirait, s'il en existait une, à une théologie de l'histoire » (*La Théologie au douzième siècle*, p. 14). Cette formule frappante n'est qu'une autre façon de reprendre, en en formulant un corollaire, celle qui dans *Une école de théologie* fonde l'histoire de la pensée médiévale telle que la pratique Chenu : « c'est la loi même de l'économie de la révélation que Dieu se manifeste par et dans l'histoire, que l'éternel s'incarne dans le temps où seulement l'esprit de l'homme le peut atteindre » (*op. cit.*, p. 116). – Or ce thème de l'incarnation, sur lequel Chenu revient si souvent, sous-tend toute une autre part de son œuvre : celle où il expose sa théologie de la société et du travail, qui de ce fait est consonante à sa conception de l'histoire de la pensée médiévale. Il reste à considérer rapidement cet autre versant de sa pensée pour en apercevoir plus complètement l'unité.

Dans notre parcours, la nature n'est jusqu'ici apparue que dans l'ombre de l'histoire, ainsi dans *La Théologie au douzième siècle*, quand il s'agissait de la découverte, ou redécouverte, de l'instance nature ou du personnage poétique de Dame Nature. Mais on sait bien qu'il y a un concept théologique de la nature; que par exemple le rapport de la nature à la grâce a un statut spécifique chez Thomas d'Aquin, comme le rapport de la raison à la foi ou d'Aristote à l'Évangile qui en sont connexes. Le *St Thomas d'Aquin et la théologie* rappelle que « l'ordre des natures est référence à la sagesse créatrice de Dieu » (*op. cit.*, p. 117) et consacre plusieurs pages à l'anthropologie (« L'homme et la nature », sous-chapitre de *Imago mundi*, p. 120-125). Le point capital en est qu'elle s'oppose au platonisme sous ses diverses formes : l'homme n'est pas une âme qui habite un corps et le meut, il est « âme incarnée et corps animé »; « Esprit et matière se font exister, se constituent, se soutiennent, se déterminent l'un l'autre » (*op. cit.*, p. 122). Il n'est donc pas surprenant que la formule « dignité de la matière » figure en sous-titre dans un texte de 1960 intitulé « Situation humaine : corporalité et temporalité » et repris dans *Théologie de la matière* (1967). La matière notamment y est désignée comme la « seconde implication ontologique de l'histoire », la première étant bien entendu le temps (*op. cit.*, p. 52). Sans

entrer dans le détail de ce texte et en nous souvenant simplement des
vues de Chenu sur l'histoire de la pensée médiévale, nous comprendrons aisément que chez lui comme chez d'autres et d'abord chez Aristote, le terme de « matière » convienne à des niveaux différents de la
réalité physique, mais aussi, plus particulièrement ici, de la réalité historique. Cette matière n'est pas cependant celle d'Aristote, simple partenaire de la forme et qui ne manifeste de propriétés qu'en tant qu'elle s'y
prête, ou la contrarie (d'où les monstres), ou s'y refuse (« on ne fait pas
de scie avec de la laine »). Le concept d'incarnation, dont l'origine est
théologique, interdit de réserver dans la matière aucune région qui ne
soit pénétrée de la « sagesse créatrice »; on pourrait dire, je pense, que
si la matière telle que la conçoit Chenu à la suite de Thomas d'Aquin
n'est pas celle d'Aristote, c'est à cause des premiers versets de la *Genèse* : d'origine et dès son niveau le plus humble, la matière est créature
de Dieu. Pour la même raison sa conception des émergences où la matière historique provoque les constructions doctrinales diffère de celle
du matérialisme dialectique : « l'explication sociale » de la démarche de
saint Thomas « ne réduit en rien sa densité mystique, puisqu'au contraire elle en manifeste la très efficace incarnation » (*St Thomas d'Aquin
et la théologie*, p. 14). Création et incarnation sont les deux instances qui
confèrent à la matière « dignité » et « spiritualité » – car le tout premier
chapitre de *Théologie de la matière* a pour titre : « Spiritualité de la matière ».

Matière et travail, travail et histoire, sont des concepts associés, il
suffit d'en saisir un pour se trouver dans leur circularité. L'un des chapitres de *Pour une théologie du travail* (1955; le texte en question date
de 1947) intègre un développement sur le mouvement social « qui vit la
liquidation du servage, par le passage de la féodalité au régime émancipé des corporations et des communes » (*op. cit.*, p. 78-79) et suit de
près les développements de la démographie, des échanges, des techniques et des institutions politiques à cette même époque (p. 78-84). Dans
les pages suivantes, ce modèle sert à dégager le processus de socialisation « tel qu'il apparaissait déjà dans l'exemple médiéval de l'ère des
Communes » (p. 87). Il est remarquable que ce mouvement historique,
si souvent évoqué à propos des nouveautés doctrinales de toute sorte
aux XIIe et XIIIe siècles, réapparaisse au seuil d'analyses qui portent sur
des faits contemporains – sans superposition artificielle toutefois. Il est
tout aussi remarquable qu'il serve à concevoir, au moins dans une
première approche, les situations des pays en voie de développement.
On trouve ceci par exemple dans des notes manuscrites prises par le
Père Chenu en vue d'une conférence faite au Maroc en 1959 et que le
Père André Duval a bien voulu me communiquer. En voici le texte,
dans sa forme elliptique :

Expérience des peuples sous dév(eloppés) évoque
✗ la première expérience dans Occident latin = <u>féod</u>(alisme)   →   <u>Commune</u>
                    écon(omique)
Sortir du « féod(alisme) »   =   étape de montée des groupes humains
                    polit(ique)
La « <u>commune</u> » a rompu le <u>féodalisme</u> y compris haute valeur : paternel
Ici, au Maroc.

✗ <u>D'où</u> – en developp(ement) écon(omique)
        <u>planification</u> pas procédé + ou – artificiel imposé par des circonstances
                    mais loi <u>parfaitement homogène</u> à la nature de l'homme,
                    <u>être social</u>
                        dont les individus n'atteignent   perf(ection)
                                                          bonh(eur)
                        qu'à l'intérieur d'une collectivisation   besoin
                                                          valeur
                                                          conscience
                            concentration

Ce texte nous conduit tout droit à un dernier exemple de correspondance entre les conceptions du Père Chenu, historien de la pensée médiévale, et ses interventions dans les problèmes sociaux contemporains, et des plus aigus. Je citerai donc pour finir le chapitre 6 de *Théologie de la matière*. Il date de 1963 et est intitulé « Paradoxe de la pauvreté évangélique et construction du monde » (*op. cit.*, p. 105-124). C'est donc ici encore l'évangélisme qui fait le moyen terme entre le moyen âge et notre époque. Cette fois, ce n'est pas l'ordre des Prêcheurs qui est évoqué, mais « l'épisode de François d'Assise, fait majeur, et à lui seul régulateur en expérience et en doctrine de la pauvreté » (*op. cit.*, p. 109). « Par sa pureté même », lisons-nous quelques lignes plus loin, « la fraternité franciscaine donne son sens spirituel et sa dimension évangélique à une émancipation humaine dont l'essor industriel et une économie de circulation sont les causes promotrices » (*ibid.*). Il serait trop long d'analyser ce texte; il va dans le sens de notre propos, car il lie la référence au moyen âge et la théologie de la libération. Il y est question de « certains pays sous-développés » qui « eux aussi » – c'est-à-dire comme les hommes du moyen âge à l'époque de saint François – « franchissent un seuil d'humanisation » en passant « à l'industrialisation et à l'urbanisation ». Et Chenu évoque le Congo, l'Extrême-Orient. Vers la fin, il évoque « l'urgence des détresses humaines (qui) nous impose évangéliquement de mesurer la profondeur des mutations révolutionnaires inscrites dans les béatitudes. Ainsi parle au Concile l'archevêque de Medellín (Colombie), qui ne peut dissocier l'évangélisation de son peuple misérable de la nécessité d'une réforme agraire » (*op. cit.*, p. 121). J'arrête ici ce parcours à travers quelques ouvrages du Père Chenu. Il est malaisé de faire le tour entier d'une pensée dont le contenu est aussi prodigieusement riche, structurée toutefois par une quête constante de l'unité qui se manifeste en des domaines variés : unification de la théologie; concours de la nature et de la grâce, de la foi et de la raison; recherche des conséquences de l'incarnation et corollaires à en déduire quant au devenir de l'humanité... Je voudrais avoir au moins suggéré en quoi sa façon de faire l'histoire des doctrines médiévales est née et est restée dans le droit fil de ses conceptions théologiques.

59, avenue du 18 juin 1940
92500 Rueil

Résumé de l'article. — Marie-Dominique Chenu, médiéviste et théologien. Par Jean Jolivet.

Dès le début de ses recherches le Père Chenu avait perçu et dit qu'aucune doctrine, même pas celle de S. Thomas, n'est « un absolu indépendant du temps qui l'a vue naître et des siècles qui l'ont nourrie » (Une école de théologie. Le Saulchoir, 1937). Cette idée fondamentale se confirme et se développe dans toute son œuvre d'historien, attentive aussi bien aux spéculations médiévales sur la nature qu'à l'évangélisme des ordres mendiants. Son noyau spirituel s'exprime au mieux dans St Thomas d'Aquin et la théologie, 1959. Cet ouvrage marque une continuité profonde entre la thèse de doctorat sur la contemplation et les ouvrages qui traitent de la matière, du travail et de l'histoire (Pour une théologie du travail; Théologie de la matière).

Summary. — Marie-Dominique Chenu, Medieval Scholar and Theologian. By Jean Jolivet.

From the start of his research, Fr. Chenu realised and stated that no doctrine, not even Aquinas's, exists absolutely, independently of the time in history in which it was born and of the centuries that nourished it (Une école de théologie, Le Saulchoir, 1937). This fundamental idea is confirmed and developped throughout his work as an historian in which he pays much attention to medieval speculations on Nature as to the evangelism of the Mendicant Orders. His spiritual core is best set forth in St Thomas d'Aquin et la théologie, 1959. This work shows a deep continuity between his doctoral thesis on contemplation and the essays on Matter, Work and History (Pour une théologie du travail; Théologie de la matière).

Rev. Sc. ph. th. 81 (1997) 395-406

L'ŒUVRE DE MÉDIÉVISTE
DU PÈRE CHENU

par Jean-Claude Schmitt

Puisque pas moins de deux colloques célèbrent la naissance du Père Marie-Dominique Chenu, l'un consacré à propos de son œuvre, à « Moyen Âge et modernité », l'autre, le nôtre, à son œuvre de médiéviste, il nous faut poser quelques questions qui soulignent la spécificité de notre rencontre et guident nos débats :

— Comment le Père Chenu en est-il venu à s'intéresser au Moyen Âge ?

— Quelle part cette période de l'histoire joue-t-elle dans son œuvre ?

— Quelle signification a-t-elle dans sa pensée et dans son action ?

— Quel est l'apport du Père Chenu au travail des autres historiens ?

Pour répondre à ces questions, mieux vaut interroger le Père Chenu lui-même. Dans son entretien avec Jacques Duquesne, paru sous le titre « Un théologien en liberté » (1975), le Père Chenu évoque la séduction qu'exerça tôt sur lui la « méthode historique » du Père Lagrange : « J'étais historien sans le savoir », dit-il. « Je n'aimais pas tellement l'histoire comme un métier, mais je sentais que la Parole de Dieu est dans l'histoire et qu'entrer dans l'histoire est un moyen d'atteindre la Parole de Dieu »[1]. Notons les expressions « par instinct », « sans le savoir », « sentir », qu'il oppose à la notion du « métier », activité rationnelle et volontaire. Son « métier » à lui, ce sera le « métier de théologien », mais un métier dans lequel il fera entrer tout son « instinct » d'historien.

Plus exactement, il se « sent » historien parce qu'il a choisi le métier de théologien et parce que pour lui « la parole de Dieu est dans l'histoire ».

Historien et plus précisément, par choix, médiéviste. Il ne cultive pas le Moyen Âge pour le Moyen Âge. Il l'étudie, dans toutes ses dimensions, parce que c'est cette période de l'histoire qui l'aide le mieux à comprendre le présent dans lequel il se sent et se veut engagé. Dans le dia-

---

1. *Jacques Duquesne interroge le Père Chenu. « Un théologien en liberté »*, Paris, Le Centurion, 1975, p. 37.

logue déjà cité, il s'explique longuement sur le fait qu'il est devenu médiéviste « à partir de préoccupations modernes », rejoignant ainsi certains des historiens qu'il qualifie de « profanes » et qui partagent le
même souci d'une intelligence croisée du présent et du passé : il
nomme Marc Bloch, Lucien Febvre et la revue des *Annales* dont il dit
fièrement avoir été « l'un des premiers abonnés ». Il insiste sur la simi-
larité des démarches entre cette « nouvelle méthode historique » et son
propre projet : « Ils introduisaient les dimensions économiques et sociales dans l'histoire culturelle, ils prenaient en compte les causalités économiques. D'instinct, je faisais la même chose dans l'histoire du phénomène chrétien. J'en découvrais les conditionnements économiques.
Sans en avoir tout à fait conscience, j'ai été conduit, sous cette influence
là, à faire l'histoire économique du Moyen Âge, l'histoire du passage du
régime féodal ancien au régime nouveau du second Moyen Âge : au
plan économique à partir de la formation des corps de métier ; au plan
politique, à partir de la constitution des communes ; et au plan culturel,
à partir de la genèse des communautés culturelles qu'on appelle les
universités. Ce fut dès lors une des surfaces portantes de mon analyse.
Je ne peux plus lire saint Thomas hors de ce contexte »[2].

Tout est dit dans ce texte : être théologien, c'est pour commencer
faire l'histoire économique du temps de la scolastique ; celle-ci n'est pas
isolable de l'organisation matérielle et institutionnelle qui l'a portée,
celles des métiers urbains. Aux métiers de la ville médiévale fait écho ce
qu'il dit de son propre « métier de théologien ». On ne fait pas de la
théologie en s'isolant des autres champs du savoir : la coïncidence est
parfaite entre l'évolution de la réflexion propre du Père Chenu entre
1920 et 1932 et la création des *Annales,* en 1929, dans le contexte de la
crise économique, sociale et politique et d'une mise à plat des idées
reçues en vue d'un nouveau départ.

Précisons, dans la biographie intellectuelle du Père Chenu, à quel
rythme s'est développé son intérêt pour l'histoire médiévale. Né en
1895 à Soisy-sur-Seine, il n'a que 18 ans lorsqu'il entre en 1913, à la
veille de la guerre, dans l'ordre dominicain, au couvent du Saulchoir, en
Belgique. De 1914 à 1920, il étudie au collège pontifical dominicain de
l'Angelicum à Rome, avant d'être ordonné prêtre en 1919.

La seconde période est pour nous essentielle : en 1920, de retour au
Saulchoir, il est nommé « professeur d'histoire des doctrines chrétien-
nes ». Lui-même insiste sur l'intitulé : « doctrines », et non pas
« dogmes » : « cela me plaisait », précise-t-il à Claudio Zanchetti en
1975, tout en explicitant le contenu de son enseignement : il s'agit de
« l'histoire de la pensée chrétienne dans l'évolution de la culture »[3],
autrement dit une histoire intellectuelle qui ne se limite pas à l'exposé
des dogmes ; une évolution dynamique qui ne considère pas que tout
fut présent dès l'origine ; une pensée chrétienne dont il considère
qu'elle appartient plus largement à l'histoire entière de la culture. Il
enseigne, se plaisant à comparer son rôle à celui des maîtres de

---

2. *Ibid.,* p. 51-53.
3. M.-D. CHENU, « Le salut est dans l'histoire », in Claudio ZANCHETTI, *L'Église interroge. 11 Questions, 11 Réponses.* Paris, Le Centurion, 1975 ; p. 155-167.

l'université médiévale. Et tout en même temps il cherche, non dans la solitude, mais en équipe, avec un groupe de « cinq ou six personnes ». La recherche collective est un choix délibéré. L'objet en est la pensée du XIIIᵉ siècle et plus précisément saint Thomas. Quant à la méthode, c'est tout naturellement « la méthode historique de Lagrange ». Pour lui et ceux qui l'accompagnent dans cette recherche, le Moyen Âge est un « lieu culturel », qu'il convient de soumettre à une méthode d'investigation scientifique. Cependant, le cours que va prendre la recherche se définit au fur et à mesure de son avancement. Bientôt s'impose la nécessité de la démarche régressive qui permettra de mieux comprendre le XIIIᵉ siècle en remontant jusqu'à la « théologie du XIIᵉ siècle », jusqu'à ce premier moment de rupture et d'ouverture d'où l'on pourra mieux souligner la force propre et l'originalité de Thomas d'Aquin et du siècle suivant.

Deux types différents de jalons permettent de suivre le développement de cette recherche.

D'une part, des jalons institutionnels : de 1927 à 1935, le Père Chenu assume le secrétariat de la *Revue des Sciences philosophiques et théologiques*. Entre temps, en 1930, il fonde l'Institut d'Études Médiévales de Montréal aux côtés d'Etienne Gilson. Il séjournera désormais trois mois par an au Canada. La première épreuve survient en 1942, quand *Une école de théologie : le Saulchoir*, est mis à l'index, ce qui lui vaut aussi d'être privé de sa charge de Recteur des études. De 1945 à 1951, il doit à l'amitié de Gabriel Le Bras d'être chargé de cours à la Vᵉ Section, des Sciences Religieuses, de l'École Pratique des Hautes Études. En 1954 survient le deuxième conflit avec l'autorité ecclésiastique, à propos des prêtres ouvriers. Il est exilé à Rouen, mais peut revenir bientôt à Paris où il déploie une intense activité théologique, militante et éditoriale. Les années suivantes sont moins importantes pour ses recherches sur le Moyen Âge que pour sa réflexion sur la modernité. Elles sont marquées cependant par les publications qui dressent le bilan du long mûrissement de sa réflexion d'historien.

Le deuxième type de jalons consiste justement dans la succession de ses publications. Elles ne donnent qu'une image partielle du rayonnement d'un tel penseur, dont l'influence s'est aussi exercée à travers l'enseignement, les conversations privées, les interventions informelles. Les écrits présentent néanmoins l'avantage de donner des repères objectifs. Dans le fichier de la bibliothèque du Saulchoir, j'ai compté 132 références sous le nom du Père Chenu, dont 67 préfaces. Bien qu'impressionnante, cette liste reste incomplète, puisque la bibliographie des travaux du Père Chenu publiée de son vivant à la suite des *Mélanges* qui lui furent offerts en 1967 pour son soixante-dixième anniversaire, compte déjà 355 titres pour la seule période 1921-1965. Mais tous, bien évidemment, ne concernent pas le Moyen Âge [4].

Pour en rester à l'œuvre du médiéviste, le classement des publications par ordre chronologique trahit un rythme de travail soutenu, à raison, en gros, d'un livre important par décennie. Mais il faut tenir

---

4. *Mélanges offerts à M.-D. Chenu, Maître en théologie.* Paris, J. Vrin, 1967 (Bibliothèque Thomiste, XXXVII).

compte aussi des nombreuses rééditions, qui toujours donnent lieu à des mises à jour, des compléments, des corrections. On peut distinguer plusieurs périodes successives :

— À partir de 1925, le Père Chenu commence à publier des articles importants qui allaient, une fois réunis, constituer la matière de *La Théologie au XIIe siècle*.

— Dès 1927 paraît *La théologie comme science au XIIIe siècle*, dans la Bibliothèque Thomiste que l'auteur dirige chez Vrin. Le livre sera très souvent republié, en 1942, en 1957, en 1969.

— Mentionnons ensuite *Une école de théologie : le Saulchoir*, paru en 1937 (le livre fut republié en 1985 alors que s'était apaisé depuis longtemps l'orage qu'il avait déclenché), bien qu'il concerne avant tout la période contemporaine. Pour bien poser les questions du présent, le bénéfice de la réflexion historique est affirmé dès le premier chapitre. En outre, le programme pédagogique proposé culmine, dans le cinquième et dernier chapitre avec les « Études médiévales ».

— En 1950 paraît, plus technique, *L'introduction à l'étude de Saint Thomas d'Aquin*, qui sera republié trois fois, jusqu'en 1974.

— Sept ans plus tard, on l'a dit, *La théologie au XIIe siècle* reprend en les réunissant d'une manière cohérente toute une série d'études antérieures, en particulier les articles écrits les années précédentes à la faveur de l'enseignement donné à l'École Pratique des Hautes Études. Le livre est republié jusqu'en 1976.

— En 1959, le Père Chenu donne son admirable *St Thomas et la théologie*, que la collection « Maîtres spirituels » met à la disposition d'un public qui dépasse de beaucoup celui des spécialistes. Petit, mais dense, le livre sera réédité en 1970 et souvent retiré.

— Enfin, en 1969, paraît dans la série des Conférences Albert le Grand, à Paris et Montréal, *L'éveil de la conscience dans la civilisation médiévale*.

Pour ce qui nous concerne, il convient d'ajouter aux œuvres proprement dites, les entretiens et témoignages dans lesquels le Père Chenu s'est ouvert de sa méthode historique et de sa conception de l'histoire. C'est, en 1975, le dialogue déjà cité avec Jacques Duquesne, sous le titre « Un théologien en liberté ». La même année et chez le même éditeur (le Centurion), Claudio Zanchetti interroge le Père Chenu dans une série de dialogues concernant l'Église et son devenir. Si les *Mélanges* de 1967 se contentent de dresser la liste de ses travaux, *L'hommage différé au Père Chenu*, publié l'année même de sa mort, en 1990, comprend une Postface écrite par lui et dans laquelle il s'exprime longuement sur sa méthode[5].

Parmi les témoignages, il faut faire une place à part à celui du Père Congar, dans *Bilan de la théologie au XXe siècle*, publié en 1971. Il campe bien le personnage dans son incessante agitation intellectuelle, militante et fraternelle : « Le cadre de sa vie importe relativement peu. Il est de ces vivants qui, si on les mettait la tête en bas, continueraient à penser,

---

5. « Regard sur cinquante ans de vie religieuse », in *L'hommage différé au Père Chenu*. Introduction de Claude Geffré, avec une postface du P. Chenu. Paris, Cerf, 1990 ; p. 259-268.

si on les mettait en prison, n'y seraient pas huit jours qu'ils n'y aient pris contact avec une foule d'autres et constitué un cercle »[6].

Au delà du bilan quantitatif, essayons de dégager les traits significatifs de l'œuvre de médiéviste du Père Chenu. J'en distinguerai deux.

D'abord, la faculté de faire communiquer et de fondre ensemble ce qui est habituellement donné pour séparé. Pour commencer, le Père Chenu ne cesse de démontrer le rapport dynamique qui unit le présent et le passé, l'époque contemporaine et le XIIIᵉ siècle. Quand il parle de l'un, il est évident qu'il a aussi l'autre à l'esprit. Les débats de l'Église et de la société aujourd'hui, il ne les comprend qu'à la lumière de ceux qui ont agité l'époque scolastique, et vice versa. Cette démarche est à ce point consciente et maîtrisée qu'il sait en jouer à l'occasion, comme dans l'anecdote qu'il conte à Jacques Duquesne : accueilli pour faire une conférence dans un grand séminaire par le supérieur qui ne le connaît pas bien, il déclare à l'assistance qu'il y a « deux Chenu » : « un vieux médiéviste qui fait de la paléographie, et une espèce de gamin qui court dans les tranchées de la sainte Église. Votre supérieur ne sait pas lequel est venu. Il est donc un peu inquiet. Eh bien ! ne le soyez pas : Chenu et Chenu ne sont qu'une seule et même personne ». Et d'ajouter : « J'ai fait toute ma conférence sur ce thème. Et le supérieur en a été très content »[7].

Dans la pensée du Père Chenu, on peut parler d'une constante perméabilité du présent et du passé. Mais les comparaisons entre l'un et l'autre restent le plus souvent implicites, d'autant qu'il se méfie de tout ce qui pourrait sembler réducteur. Ainsi dans *St Thomas d'Aquin et la théologie* met-il en garde contre l'anachronisme, voire la falsification du sens de l'histoire : « Ni François, ni Dominique, bien sûr, n'ont songé le moins du monde à une option pour ou contre un régime économique ; et l'Église n'a ni grâce ni compétence pour susciter ou construire ou combattre une quelconque organisation technique des biens terrestres. Les Mendiants éjectèrent la féodalité comme aujourd'hui la Mission de France se désolidarise du capitalisme : même violence évangélique et non idéologie »[8]. C'est parce que la comparaison est toujours présente, mais maniée avec le sens aigu du caractère spécifique de chaque situation, qu'il peut tirer de l'histoire une leçon critique qui vaut pour le présent. Par exemple quand il parle de la contemplation chez un rationaliste comme Thomas d'Aquin : « Nous voici loin de la religion de crainte, de ses conformismes sociologiques, de ses aliénations, des légalismes rituels, de tout moralisme »[9]. On comprend sans peine à quoi il pense, en 1959, quand il parle de saint Thomas.

À cette perméabilité du présent et du passé fait écho une sorte d'assimilation de soi-même au maître qu'il a plus que tout autre étudié : Thomas d'Aquin. Il se présente d'ailleurs en plaisantant comme le vrai

6. Y. CONGAR, « Le Père M.-D. Chenu », in *Bilan de la Théologie du XXᵉ siècle*, Paris, Castermann, 1971 ; p. 772-790 (p. 772).

7. *Op. cit.*, p. 61.

8. M.-D. CHENU, *St Thomas d'Aquin et la théologie*. Paris, Éditions du Seuil (coll. « Maîtres spirituels »), 1959 ; p. 14.

9. *Ibid.*, p. 56.

successeur de l'Aquinate, puisqu'il posssède comme lui le grade de
« maître en théologie » et que le Saulchoir, rentré en France, peut être
considéré comme l'héritier direct du couvent Saint-Jacques du xiiie siècle. Le parallélisme va plus loin encore, bien que le Père Chenu n'insiste
pas là-dessus : l'analogie n'est-elle pas frappante entre la condamnation
de la théologie aristotélicienne par l'évêque Étienne Tempier en 1270 et
1277 et les difficultés rencontrées par le Père Chenu avec la hiérarchie
en 1942 et en 1954 ?

Le plus souvent le recouvrement des personnalités s'exprime subtilement dans le choix des mots et des formules ou dans l'accent mis sur
tel ou tel aspect de la pensée de Thomas qui le touche personnellement
plus que d'autres. C'est surtout le cas dans *St Thomas et la théologie*, son
livre le plus personnel. L'auteur y glisse fréquemment de la troisième à
la première personne, quand il veut montrer comment la pensée qu'il
étudie dans l'histoire reste pour lui une source d'inspiration, actuelle et
profonde. C'est le saint Thomas contemplatif qui le touche le plus et
auquel, par l'écriture, il s'assimile de quelque façon : « Le prêcheur
Thomas d'Aquin est fidèle à l'inspiration évangélique de Dominique en
se définissant contemplatif [...] On se tromperait gravement en ne
voyant que subtilité d'école dans les textes où il présente comme radicale la différence entre la contemplation du philosophe et la contemplation du croyant. Il ne s'agit pas d'un simple exhaussement acciden-
tel ; l'objet de la contemplation n'est plus seulement la Divinité, lieu des
idées et cause des êtres, mais Dieu *mon* Père dont l'initiative amoureuse
*m'*a initié à son mystère »[10]. Et quelques lignes plus loin il parle, toujours à propos de saint Thomas croyant, de « la délectation que
*j'*éprouve alors ». Il n'y a plus alors de distance entre celui qu'il étudie
et dont il connaît si bien la pensée et les sentiments religieux, et lui-
même aujourd'hui.

Un deuxième trait significatif de la pensée du Père Chenu historien
est l'importance qu'il acccorde, dans la culture médiévale et plus particulièrement dans la théologie de Thomas d'Aquin, à un principe de
polarité rendant compte du dynamisme de tout le champ étudié. Il ne
manque jamais d'insister sur l'association deux par deux de pôles con-
tradictoires dont l'interaction féconde le développement de la pensée,
tandis qu'au contraire l'isolement et l'exacerbation d'un seul pôle pro-
duisent excès et régression. La dialectique positive de la pensée est à
l'opposé de la dichotomie stérile et du vain antagonisme.

Les pôles que le Père Chenu distingue sont de plusieurs ordres :
comme on l'a vu plus haut, celui de la contemplation ou de la spiritualité d'une part, et de l'intellectualité d'autre part est au principe de sa
compréhension de saint Thomas, qu'il ne manque jamais de louer pour
son « refus de disjoindre intellectualité et spiritualité, schisme ruineux
tant pour l'intellect que pour l'esprit » [...] La spiritualité de saint Thomas est incluse, en fait et en droit, dans sa théologie[11].

À ce couple en répond un autre : celui de la contemplation et de
l'action, principe de la vie « mixte » définie par Thomas et qui inspire

10. *Ibid.*, p. 59. (Souligné par moi).
11. *Ibid.*, p. 125.

toute l'existence du Père Chenu. D'autres termes déclinent tout au long de son œuvre la même dialectique entre théologie et spiritualité, foi et science, et aussi institution ou hiérarchie d'un côté, évangélisme de l'autre. Ces pôles complémentaires s'incarnent dans deux figures exemplaires : saint François et saint Thomas, en qui il voit « les deux pôles de la chrétienté du XIIIᵉ siècle ». La tension entre ces deux pôles est garante d'équilibre et de dynamisme. À l'inverse, le Père Chenu n'a pas de mots assez durs pour fustiger ceux qui privilégient un pôle contre l'autre, par exemple l'exaltation millénariste d'un Gérard de San Donnino, interprète « spirituel » de Joachim de Flore, à qui il reproche un détournement de l'évangélisme à des fins « idéologiques ». Mais les excès dans l'autre sens ne sont pas moins condamnables : il s'en prend en connaissance de cause aux « blocages » institutionnels et intellectuels avec une fureur qu'inspire sans nul doute le souvenir de ses propres épreuves. Ainsi critique-t-il, dans le domaine de la théologie politique, le conservatisme augustinien et néo-platonicien, la théologie monastique « conservatrice » d'un Rupert de Deutz insensible au dynamisme de la pensée aristotélicienne dont s'inspirera le « réalisme » d'un saint Thomas : « Ce réalisme n'est point du tout l'effet d'un naturalisme larvé, comme l'incrimina et l'incriminera toujours un certain idéalisme piétiste, plus vite satisfait par les valeurs religieuses du platonisme. De l'univers platonicien, saint Thomas récuse, précisément, avec son dualisme de la matière et de l'esprit, avec son dédoublement des deux faces de l'intelligence, le trop facile mépris des choses sensibles et la séduction de son entraînement spirituel »[12].

Parler en termes de rapports dynamiques lui permet de proposer des analyses subtiles, jamais figées, des « lieux » théologiques proches et pourtant différents qui balisent le champ de la théologie du XIIIᵉ siècle : proches, et pourtant différents, sont Thomas d'Aquin, son « maître » Albert le Grand et son « ami » Bonaventure : « Albert le Grand, très enclin à l'empirisme biologique d'Aristote, avait cependant cédé à la résistance d'un spiritualisme irréductible et, avec d'autres, avait distingué, dans l'unité de l'âme, plusieurs "formes" [...] Saint Thomas réagit vivement contre ce compromis, par où revenait subtilement le dualisme platonicien et augustinien »[13]. Quant à Bonaventure, le Père Chenu montre comment il « rencontrait » Étienne Tempier dans « un augustinisme apparemment plus homogène à l'évangélisme de saint François » et « ne s'accommodait pas des autonomies rationnelles de la méthode de son collègue Thomas d'Aquin »[14].

Tels sont, me semble-t-il, la méthode et le mode de pensée du Père Chenu médiéviste. Mais de l'œuvre, il faut aussi juger les résultats, c'est-à-dire tout ce qu'elle a apporté aux historiens d'intelligence de la culture du Moyen Âge central. Cela pourrait tenir en quatre mots :

— le relativisme historique, proposé comme principe des études de théologie ;

12. *Ibid.*, p. 118.
13. *Ibid.*, p. 124.
14. *Ibid.*, p. 165-166.

— le réalisme, reconnu comme la grande conquête de la théologie du XIIIe siècle ;

— la « raison théologique », présentée comme principe méthodologique de la pensée scolastique ;

— la « conscience de soi », exaltée comme la grande avancée de la pensée chrétienne du Moyen Âge central.

Enraciner l'étude de la théologie dans l'histoire générale : cette démarche est elle-même inséparable du contexte intellectuel et historiographique dans lequel le Père Chenu réfléchit et écrit. Elle est soutenue par l'orientation que les maîtres du Père Chenu, les Pères Lagrange, Gardeil, Mandonnet ont donné aux études de théologie. En dehors de ces études, on l'a dit, il y eut aussi la fascination pour l'aventure des *Annales* et plus précisément pour les ouvrages de Marc Bloch, dont le Père Chenu cite fréquemment *La Société féodale*, livre publié en 1939-40. Sensible au « relativisme historique » de chaque période, de chaque milieu, et aux corrélations qui existent dans une même société entre des phénomènes de nature différente, il s'attache tout particulièrement à l'étude des mots, du sens spécifique qu'ils possèdent pour la société qui les utilise, et du changement de leurs significations au fil du temps. Les mots constituent le premier « outillage mental » qui tout à la fois exprime et informe la pensée : « On peut même dire que, dans un cycle de civilisation, la philosophie a pris consistance et qualité quand l'homme donne une attention explicite à la prolifération spontanée de pareil vocabulaire. Ainsi lorsque, au temps de Charlemagne, Alcuin, dans un texte fameux, énumère et glose les termes employés pour dénommer l'âme humaine, il manifeste par cette démarche le démarrage effectif de ce qu'on appelera la philosophie médiévale » [15].

L'étude des mots est d'autant plus importante pour le médiéviste que les auteurs latins utilisent un vocabulaire hérité de l'antiquité latine, qu'ils doivent sans cesse transformer et adapter à leurs propres besoins. Et puisque la théologie est la « science d'un livre », les mots qu'elle utilise doivent être dans son cas étudiés avec encore plus de soin : le Père Chenu donne l'exemple en écrivant une série de « notes de lexicographie philosophique médiévale » sur « ordo », « magistralia », « auctoritas », « authentica », « vita apostolica », « imaginatio », « disciplina ». Il pense poser ainsi les jalons d'un « vocabulaire sérieux de la langue philosophique médiévale », dont il déplore l'absence dans *Une école de théologie* [16]. On sait que pour saint Thomas, cette lacune a été en partie comblée depuis par la réalisation, grâce à l'ordinateur, de l'*Index thomisticus*

Ce qui soutient la démarche historique du Père Chenu, c'est sa conception de la foi en l'Incarnation, telle qu'elle l'anime : « le Salut est dans l'histoire », aime-t-il à répéter. Mais cette position n'est pas seule-

---

15. M.-D. CHENU, « Imaginatio ». Note de lexicographie philosophique médiévale, in *Miscellanea Giovanni Mercati*, vol. II, *Letteratura Medioevale*, Città del Vaticano, Biblioteca Apostolica Vaticana, 1946 (Studi e Testi 122), p. 593-602 (p. 593).

16. M.-D. CHENU, *Une école de théologie : le Saulchoir* (1ère éd. 1937), 2e éd. Préface de R. Rémond. Textes de G. Alberigo, É. Fouilloux, J.-P. Jossua, P. Ladrière, Paris, Cerf, 1985 ; p. 91-173 (p. 171).

ment celle du croyant, c'est aussi celle d'un historien, celle qu'il partage avec les historiens « profanes » eux aussi convaincus que l'Incarnation ou du moins la croyance selon laquelle le Fils de Dieu s'est fait homme, fut un facteur historique de première importance dont il faut tenir compte si l'on veut comprendre les comportements, les institutions, l'organisation et le devenir de la société médiévale.

Le « relativisme historique » pour lequel plaide le Père Chenu ne consiste pas seulement à définir au préalable le « contexte » social et économique des mouvements de pensée qu'il étudie. Il consiste surtout à montrer les « connexions » entre la pensée et les autres faits sociaux.

Le contexte de la théologie scolastique consiste dans la dissolution des relations féodales au profit des nouvelles relations sociales, urbaines, professionnelles, monétaires et plus généralement profanes, qui ont porté la naissance des nouveaux Ordres mendiants et de l'université. L'apostolat et l'étude sont inséparables pour le Père Chenu comme pour saint Thomas dont il loue la « théologie de la vie sociale, que récuseront les volontaristes ultérieurs de tout acabit »[17].

Dans ce cadre général, il s'attache à démontrer plus précisément la « connexion » entre le « métier de théologien » et les autres métiers urbains : « toujours, il y avait eu en théologie comme en catéchèse des maîtres adjoints à l'ordre épiscopal ; il s'agit maintenant de professionnels, dont le titre juridique dépend de la corporation universitaire »[18]. Pareillement, il insiste sur la prise en compte des laïcs, du « peuple », par ces nouveaux penseurs immergés dans le monde. Leur préoccupation rompt nécessairement avec l'intellectualisme néo-platonicien qui « tourne le dos au monde au profit des idées, avec cette conséquence insupportable au chrétien que le sage est un aristocrate de l'esprit, dont le privilège se paie de la servitude des "mécaniques", comme on disait au Moyen Âge et jusqu'en plein XVIIe siècle, des malheureux manœuvres condamnés au travail de la matière, par opposition aux arts "libéraux" »[19].

C'est grâce à son sens du « relativisme historique », que le Père Chenu peut insister avec tant de force sur la nouveauté de ce qu'il appelle le « réalisme » du XIIIe siècle, de sa théologie comme de toute sa culture et en particulier de l'art gothique. Ce réalisme s'appuie sur la redécouverte d'Aristote et le dépassement grâce à lui de l'antagonisme néo-platonicien des Idées et des choses, ou encore du corps et de l'âme, au profit de relations dynamiques et fécondes, ainsi que d'une promotion de la Création, et plus encore de la Créature et du geste de l'homme qui prolonge ici-bas l'acte créateur de Dieu : « Être créé, c'est d'abord être, d'un être indépendant, tout suspendu à la source de l'être, mais dont la dépendance même n'a de réalité que parce que d'abord quelque chose *est*. Priorité réelle, dans l'ordre des valeurs d'être, de ce qui est créé par rapport à la création même : voilà qui fonde et souligne tout le réalisme qui va se manifester dans l'ordre des natures comme dans le jeu des causalités secondes. Au sein même de la création, de cette radicale dé-

---

17. M.-D. Chenu, *Saint Thomas et la théologie, op. cit.*, p. 14.
18. *Ibid.*, p. 44.
19. *Ibid.*, p. 60.

pendance qui affecte tout être fini, vont jouer des autonomies vérita-
bles. À l'intérieur de son indigence est ainsi reconnue une "consistance"
propre à l'esprit fini, une auto-position qui refuse catégoriquement
l'augustinisme dressé là contre la pensée grecque » [20].

Ce qui est à l'œuvre au cœur de cette pensée placée désormais sous
le signe d'Aristote, c'est la « raison » qui féconde la « théologie comme
science ». Le XIIᵉ siècle a préparé le terrain, mais à cette époque la
théologie est encore dépendante du *trivium*. La logique, même celle
d'un Abélard à qui l'on doit le mot « *theologia* », est encore celle de la
dialectique. Au XIIIᵉ siècle, la théologie se fait « science », le mot change
alors de sens, au prix d'un retournement définitif du rapport entre raison et foi. Du « *fides quaerens intellectum* » d'Anselme, on est passé à
l'« *intellectus fidei* » de Thomas. Certes, la science reste liée à la foi
comme à son principe d'intelligibilité, dont elle n'aura donc jamais, par
définition, l'évidence complète. Du moins l'exercice autonome de la
raison est-il reconnu. La foi et la raison concourrent, chacune pour sa
part, à l'avancée de la théologie, dans un rapport de « subalternation »,
notion thomiste que le Père Chenu n'hésite pas à étendre par comparaison à la science moderne : de même que le théologien qui fait pleinement usage de sa raison n'a pas toute l'évidence de la foi qui fonde sa
démarche, de même le physicien moderne n'a pas toute l'évidence des
principes mathématiques qui sous-tendent sa démonstration. Les sciences modernes sont, elles aussi, dans un rapport de « subalternation »,
chacune d'elles étant à la fois « subalternante » et « subalternée », dépendante d'une autre science et pourtant autonome. Ainsi n'y a-t-il pas
« une vérité », mais « des systèmes de vérité », écrit le Père Chenu.

L'expression, qui ne manque pas de hardiesse, situe le Père Chenu à
la pointe de la réflexion des sciences sociales, à la fois par le mot
« système » et par le pluriel, qui est en accord avec l'idée de « relativisme historique ». Ne retrouve-t-on pas pareilles idées chez un historien aussi différent du Père Chenu, par ses convictions et par son objet
d'étude, que Jean-Pierre Vernant, pour qui il n'y a pas dans l'histoire
« une » raison (en l'occurrence « la » raison de la Grèce classique), mais
des « formes de rationalité », le pluriel permettant de penser le changement historique : en effet, ni la raison philosophique classique, ni le
« miracle grec » ne sont nés de rien, mais d'une « raison du mythe » qui
les a précédés et qui leur ont en quelque sorte ouvert la voie [21]. Voilà
qui peut aussi aider le médiéviste à penser l'avènement de la « raison
théologique » au sein même de la pensée religieuse et du « mythe chrétien » du Moyen Âge. De même doit-il être attentif à la présence de la
nouvelle pensée rationnelle dans les aspects les plus variés de la culture du temps : Erwin Panofsky n'a pas montré autre chose à propos de
l'architecture des cathédrales [22], tandis que, plus récemment, Alexander

20. *Ibid.*, p. 115.
21. Voir en dernier lieu : J.-P. Vᴇʀɴᴀɴᴛ, *Entre mythe et politique*. Paris, Le Seuil,
1996.
22. E. Pᴀɴᴏꜰꜱᴋʏ, *Architecture gothique et pensée scolastique*, précédé de *L'abbé Su-
ger de Saint-Denis*, trad. et postface de Pierre Bourdieu. Paris, Éditions de Minuit, 2ᵉ
éd., 1981.

Murray a évoqué de son côté, dans *Reason and society*, la diffusion dans toute la société du XIIIᵉ siècle d'une même *ratio* arithmétique, au double sens de la raison et du nombre[23].

Plus discutable me semble l'assimilation de la théologie, dont la foi reste le « principe d'intelligibilité », non seulement à la science en tant que démarche heuristique, mais aux sciences modernes, alors que celles-ci n'ont pu se développer historiquement que sur le postulat de la « mort de Dieu ». Il faudra pour cela un nouveau saut qualitatif, un dépassement décisif de la « théologie comme science » elle-même, une étape de plus dans la voie du « désenchantement du monde » dont a parlé Max Weber[24] et dont Marcel Gauchet pense qu'il était inscrit dès l'origine dans la nature même du christianisme[25]. On retiendra en tout cas que l'esprit « scientifique » ne s'est pas totalement imposé à la pensée chrétienne de l'extérieur, comme un adversaire. Que la raison soit, comme le montre le Père Chenu, un enrichissement pour la foi ; ou qu'à terme elle s'attache à la démystifier, on retiendra surtout qu'elle s'est développée sous la forme de la « raison théologique » au sein et à partir de la pensée chrétienne.

Toutes ces transformations ont aussi affecté les représentations de la personne et la manière dont les individus se percevaient. L'ultime petit livre, *L'éveil de la conscience dans la civilisation médiévale*, explore les mêmes transformations de la pensée, mais sous un autre angle. Là encore, c'est le contexte social qui est d'abord pris en compte : celui de la « mise en cause des liens de dépendance féodale », qui encourage les individus à se penser comme êtres singuliers et plus autonomes. À se penser surtout comme êtres moralement responsables de leurs actes et de leur destin spirituel. Depuis la définition par Abélard de la « morale de l'intention » jusqu'à l'encouragement de l'introspection pénitentielle par les Ordres mendiants, on mesure les effets produits par l'idée aristotélicienne de l'union dynamique du corps et de l'âme, où le Père Chenu voit l'avènement d'une nouvelle conception de la personne humaine : « Contre tout dualisme, l'homme est constitué d'un seul être, où la matière et l'esprit sont les principes consubstantiels d'une totalité déterminée, sans solution de continuité, par leur mutuelle inhérence : non pas deux choses, non pas une âme ayant un corps ou mouvant un corps, mais une âme-incarnée et un corps-animé, de telle sorte que l'âme est déterminée, comme "forme" du corps, jusqu'au plus intime d'elle-même, à ce point que, sans corps, il lui serait impossible de prendre conscience de son être propre »[26].

En essayant de présenter la personnalité et l'œuvre du Père Chenu médiéviste, j'ai tenu à lui laisser le plus souvent possible la parole, à travers de nombreuses citations qui rendent sensibles la puissance de son verbe, sa force de conviction et parfois son tempérament emporté.

---

23. A. MURRAY, *Reason and Society*. Oxford, Clarendon Press, 1978.
24. Voir : Max WEBER, *Sociologie des religions*. Introduction de J.-Cl. Passeron. Paris, Gallimard, 1996 ; p. 108-109.
25. M. GAUCHET, *Le désenchantement du monde. Une histoire politique de la religion*. Paris, Gallimard, 1985.
26. M.-D. CHENU, *St Thomas et la théologie*, op. cit., p. 121.

Sa personnalité acquiert un relief singulier, et singulièrement attachant, quand il s'exprime, avec son énergie coutumière, sur ce qui est au centre de sa pensée, sur la valeur historique de l'Incarnation : « le Salut est dans l'histoire » (entretien avec Claudio Zanchetti); « Dieu se manifeste dans et par l'histoire » (*Une école de sociologie*), « l'homme est co-créateur avec Dieu », ou même : « saisir l'Évangile dans la conjoncture » (dans l'entretien avec Jacques Duquesne). Ses formules ne sont pas moins parlantes quand il tente, en historien, de résumer ce qui s'est joué d'essentiel aux XIIe et XIIIe siècles : la « Renaissance du XIIe siècle » fut « la seule Renaissance qui ait réussi en Chrétienté »; François d'Assise et Thomas d'Aquin sont « les deux pôles de la chrétienté du XIIIe siècle ». À des expressions plus techniques, qu'il transpose du vocabulaire de la théologie à celui de l'histoire, il sait donner toute leur efficacité heuristique : ainsi quand il parle des maîtres en théologie comme de « lieux » théologiques. Enfin, il y a les expressions qu'il emprunte à d'autres, mais pour leur donner, dans la cohérence de sa propre pensée, une force considérable : « faire l'homme, agir en homme, c'est faire son métier d'image de Dieu » (J. Tonneau). Ou cette formule qu'il doit à Thomas d'Aquin lui-même et qui résume si bien tout ce qu'il a fait et a été : « Enseigner est une action ».

É. H. É. S. S.
54, boulevard Raspail
75006 Paris

Résumé de l'article. — L'œuvre de médiéviste du Père Chenu. Par Jean-Claude Schmitt.

La théologie conduisit le P. Chenu à devenir historien et plus précisément médiéviste. C'est ce qui lui permit de lire S. Thomas dans son contexte et de lui appliquer « la méthode historique du P. Lagrange ». Plus exactement, il s'agissait de dégager les « connexions » entre cette pensée théologique et les autres faits sociaux contemporains. Ainsi la rupture des liens de dépendance féodale invite-t-elle à penser la constitution de l'individu comme être autonome. L'effort du P. Chenu pour comprendre son temps le rend attentif à cette constante perméabilité du présent et du passé. Elle le conduit même à une forme d'assimilation de soi à son maître Thomas d'Aquin.

Summary. — Father Chenu's Work in Medieval Scholarship. By Jean-Claude Schmitt.

Theology let Fr. Chenu to becoming a historian – more precisely, a medieval scholar – which is how he was able to read Aquinas in context and to apply « Fr. Lagrange's historical method » to Aquinas. That is, it became a question of outlining the « connexions » between that theological thinking and the other social conditions of the time. Thus, the interruption of feudal bonds of dependency suggests considering the constitution of the individual as an autonomous person. Fr. Chenu's efforts to understand his century keep him aware of this constant permeability of past and present which in turn leads him even to a form of assimilation of self to his master Thomas Aquinas.

Rev. Sc. ph. th. 81 (1997) 407-414

LE PÈRE CHENU MÉDIÉVISTE :
HISTORICITÉ, CONTEXTE
ET TRADITION

par Alain Boureau

I. *La Théologie au XIIe siècle* a pour moi une vertu singulière : c'est un livre « perpétuel » : à chaque fois que je l'ouvre, j'y trouve du neuf. Et, quand, dans mon travail, j'ai l'impression d'avoir une hypothèse ou une idée neuve – il faut bien se bercer de cette illusion de temps en temps – il m'arrive souvent de constater au hasard d'une relecture, que la source en était dans ce livre, attestée par un trait au crayon ou par un signe dans la marge. Les livres « perpétuels » sont rares (pour mon compte, je n'y joindrais, dans le domaine médiéval, que la *Civilisation de l'Occident médiéval* de Jacques Le Goff et les *Selected Studies* d'Ernst Kantorowicz). À quoi tient cette inépuisable fécondité ? Probablement à une alliance rare de l'érudition du détail et de la vision synthétique.

De cette double passion du détail et de la synthèse, on trouve un exemple frappant dans une courte étude parue dans les *Archives d'Histoire Doctrinale et Littéraire du Moyen Âge*, que le Père Chenu contribua à animer aux côtés de Marie-Thérèse d'Alverny et d'Étienne Gilson à partir de 1959. Cet article (« Une définition pythagoricienne de la vérité au Moyen Âge » [1]), commente une brève et énigmatique phrase d'Hélinand de Froidmont, au début d'un sermon de Noël : « Veritas cujuslibet rei nihil aliud est quam aequalitas existentiae ejus, quam comprehendens animus intelligit rem sicut est, nec infra subsidens, nec ultra effluens. Haec autem aequalitas existentiae rerum nil aliud est quam aequalitas unitatis.. ». Dans cette « égalité d'existence », le P. Chenu reconnaît un thème néo-platonicien, celui de la dialectique jusqu'à l'Un, qui place la vérité des choses dans leur unité, dans leur totalité intérieure. Cette thèse d'Hélinand, brièvement évoquée pour traiter de la Vérité incarnée (sermon de Noël), ne surgit pas isolément : M.-D. Chenu en repère une source possible dans un petit traité de Thierry de Chartres, où « la Création est définie comme une émanation

---

1. Tome XXXVI, 1961.

de l'Unité, création des choses qui est création des nombres ». L'unité multipliée par elle-même demeure une; multipliée par un nombre autre, elle produit le multiple. La fascination arithmologique, appuyée sur la technique de calcul transmise par Boèce et sur la circulation erratique de quelques bribes pythagoriciennes, se conçoit aisément dans le milieu de l'école de Chartres. Mais trois quarts de siècle plus tard, la résurgence de ce thème pythagoricien dans un sermon cistercien aurait de quoi surprendre si, à la suite du P. Chenu, on n'en voyait la pertinence trinitaire, déjà affirmée par Thierry de Chartres : la triade pythagoricienne rend compte de l'engendrement « égal » du Verbe par l'«unité », par l'effet d'une « connexion » (l'Esprit, lien du Père et du Fils). Qu'advient-il de cette transposition trinitaire après Thierry? Elle se retrouve chez Simon de Tournai et Alain de Lille, avant d'être recouverte par les triades psychologiques tirées d'Augustin. Paradoxe : le XIIIe siècle aristotélicien neutralise la pensée grecque à l'aide d'Augustin !

On saisit bien, comment s'opère, par appropriation, la christianisation de la pensée antique, jusque dans ses fragments les plus hermétiques, obscurcis par les avatars de la transmission et de la traduction. À une échelle réduite, cette petite étude de M.-D. Chenu rappelle une des grandes leçons de son enseignement, devenue évidente : une filiation textuelle n'a de réalité historique que si elle donne lieu à un travail d'appropriation. Et par conséquent, il importe de repérer les circulations de notions au travers de ses véhicules propres, jusque dans leurs déformations et leurs lacunes. C'est cet impératif, fortement martelé par le P. Chenu qui a conduit à la grande entreprise de l'*Aristoteles latinus*. Comme Martial Guéroult ou Roger Chartier, dans des ordres bien différents, M.-D. Chenu nous a appris la notion de « fait textuel » et a ainsi ouvert l'histoire de la pensée à l'histoire tout court.

Mais il y a davantage encore dans ces quelques pages : l'auteur élargit la sphère des enjeux textuels en suggérant que l'interruption de cette courte phase de pythagorisme trinitaire tient sans doute à l'impossibilité d'exprimer la distinction des personnes. Et nous voilà renvoyés au grand débat du XIIe siècle sur la tension entre unité et distinction divine : d'un côté Abélard et sa stricte limitation de la distinction, dont il montre, à longueur de pages, dans ses trois *Théologies*, que l'exagération tient à la faiblesse du langage humain. En face, voici Gilbert de la Porrée, qui semblait professer une distinction numérique des personnes de la Trinité. Débat capital qui conduit plus tard à la fameuse critique de Joachim de Flore contre Pierre Lombard[2], et dont, à la fin du XIIIe siècle, Pierre de Jean Olivi se fera l'écho véhément[3]. Mais la découverte de ce « pythagoricisme » inabouti lance le lecteur vers de nouvelles pistes : une émergence isolée ne signifie guère en histoire; en revanche, dès qu'une série (ici Thierry, Simon de Tournai, Alain de Lille, Hélinand) se manifeste dans la durée, une signification possible appa-

---

2. Voir A. MEHLMANN, *De unitate Trinitatis. Forschungen und Dokumente zur Trinitätstheologie Joachims von Fiore im Zusammenhang mit seinem verschollenen Traktat gegen Petrus Lombardus*. Fribourg en Brisgau, 1991.

3. Voir sa longue « Quaestio de Trinitate » publiée par M. SCHMAUS, *Der Liber Propugnatorius des Thomas Anglicus und die Lehrunterschiede zwischen Thomas von Aquin und Duns Scotus*, II, vol. II. Münster, 1930, p. 143*-228*.

raît. Il faudrait donc relire, à la lumière de cette petite tradition, le *De unitate et pluralitate* d'Achard de Saint-Victor, hapax étonnant de la pensée du XIIᵉ siècle, si bien édité et commenté par Emmanuel Martineau[4]. Par l'intermédiaire d'Hélinand, on voudrait revenir sur la théologie cistercienne du XIIIᵉ siècle, sur l'enseignement dans le studium du Chardonnet après la création de la chaire de Guy de l'Aumône par Innocent IV en 1253.

Une phrase et une citation de M.-D. Chenu ouvrent encore d'autres horizons : « C'est l'échec des sciences du quadrivium en théologie, du moins en théologie trinitaire, sinon en théologie de la création, où la métaphysique de l'Un garde séduction et valeur ». Une citation de Thierry de Chartres, en note, donne un aperçu éloquent de ce programme (le P. Chenu a le génie de la citation suggestive) : « Adsint quattuor genera rationum quae ducunt hominem ad cognitionem Creatoris, scilicet arithmeticae probationes, et musicae, et geometricae, et astronomicae, quibus instrumentis in hac theologia breviter utendum est, ut et artificium Creatoris in rebus appareat, et quod proposuimus, rationabiliter ostendatur ». Ici se profile le thème capital du statut des sciences du nombre dans le savoir médiéval et du sort fait au quadrivium dans les facultés des arts dans les universités à partir du XIIIᵉ siècle ; sur ce point, le P. Chenu rejoignait, dans son *Introduction à l'étude de saint Thomas d'Aquin* de 1950, les analyses d'A. Koyré en imputant au naturalisme aristotélicien la relégation des mathématiques : « Mais est sanctionnée aussi, avec ce naturalisme aristotélicien, une certaine absence des disciplines mathématiques. Elles avaient eu leur place, tant à Tolède dans la science arabe, qu'à Chartres avec le platonisme auquel leur sort chez les philosophes semble lié ; mais s'il en prévoit la place, l'ordre aristotélicien du savoir ne favorise pas leur essor, et cette grave lacune pèsera sur l'École jusqu'au jour où, close dans sa science aristotélicienne, elle récusera avec ses excès le plus légitime idéal d'analyse mathématique, et se fermera un monde nouveau, pour sa propre condamnation » (p. 30). Certes, cette idée d'une clôture du monde issu de la physique aristotélicienne, immunisé contre la formalisation mathématique, appelle des nuances, depuis que tout récemment, de nouveaux pans de la science scolastique ont été découverts (notamment en matière d'optique, science capitale au XIIIᵉ siècle ; voir aussi les incursions d'Henri de Harclay dans une science numérique de la dynamique[5]). Certes, il faudrait voir comment la science arithmétique se développe de façon originale, notamment à partir des pratiques comptables, qui ont pu avoir quelque écho ou prolongement dans les facultés des arts. Mais, *grosso modo*, les intuitions du P. Chenu sont confirmées dans la récente et très précise étude de L. Banchi et E. Randi, *Le verità dissonanti*[6] : les fameux « calculatores » oxoniens mettent en œuvre des calculs logiques, qui portent sur des représentations (« secundum ymagi-

---

4. Achard de Saint-Victor, *L'Unité de Dieu et la pluralité des créatures (De unitate <Dei> et pluralitate creaturarum)*, texte latin établi, traduit et présenté par Emmanuel Martineau. Saint Lambert des Bois, 1987.

5. Voir, par exemple, E. Grant, *Physical Science in the Middle Ages*, Cambridge. 1977² (trad. fr., Paris, 1995).

6. Bari, 1990, traduit en français en 1993.

nationem »), non sur des mesures réelles. Et la citation de Thierry de Chartres, qui inscrit un souci théologique dans le programme du quadrivium nous incite à aller voir de plus près l'histoire des sciences numériques dans les facultés des arts qu'on a peut-être trop rapidement cantonnées dans l'exploration des sciences du langage (trivium) et de la physique, et trop exclusivement placées à l'écart de la théologie, en se référant aux événements de 1270-1277. Un récent colloque sur les facultés des arts[7] laisse espérer beaucoup de nouveau là-dessus.

II. Telles sont, pour le lecteur, quelques-unes des suggestions données dans les six pages de cet article; j'ai choisi cet exemple pour la commodité et la brièveté, mais l'ensemble de *La Théologie au xiie siècle* donnerait des possibilités de lectures et de prolongements analogues; c'est ce que j'entends par « livre perpétuel ». Le P. Chenu a contribué à fonder ce qu'on peut appeler, faute d'autre terme, une « histoire intellectuelle » de la pensée médiévale, pour la distinguer de la classique histoire des idées ou de l'histoire de la philosophie et de la théologie. Par là, je le distinguerai d'Étienne Gilson. Les deux hommes se sont bien connus et appréciés; ils ont collaboré à plusieurs reprises; ils ont partagé un même thomisme (avec des nuances importantes). Mais Gilson, malgré sa très grande science, a eu tendance à vouloir distinguer trop nettement la philosophie de la théologie, au nom d'un rationalisme thomiste strict, paradoxal chez un auteur qui dosait son thomisme d'un grand intérêt pour la pensée franciscaine. C'est ce qui donne à sa grande histoire de la philosophie médiévale son allure souvent désincarnée et purement conceptuelle, d'une historicité certaine, mais restreinte, comme confinée. Ce qui fait la différence, dans l'œuvre du P. Chenu, c'est l'introduction de la spiritualité dans l'histoire des doctrines; c'est elle qui donne vigueur et urgence aux débats conceptuels, qui les relie aux cadres ecclésiologiques, institutionnels, bref à un contexte.

Un exemple clair de cette inscription du contexte spirituel dans l'étude des textes se trouve dans les chapitres consacrés au « réveil évangélique » dans *La Théologie au xiie siècle* : loin de se cantonner dans une christianité marginale, l'« évangélisme », dès le xiie siècle, inspire un renouveau de l'exégèse, de la théologie sacramentelle, etc. Il doit donc entrer dans une évaluation précise des systèmes de pensée les plus élaborés, les plus éloignés des groupes « évangélistes ». Pour ma part, travaillant depuis quelques mois sur les notions juridiquement antagonistes de privilège et de loi, telles qu'elles se développent dans la controverse entre mendiants et prélats (1281-1290), qui constitue l'un des aboutissements ecclésiologiques de l'émergence de l'évangélisme, puis dans les débats sur l'Immaculée Conception de Marie (1300-1340), je retrouve, après coup, dans mon exemplaire de l'*Introduction*, cette ligne anciennement soulignée : « Travaux pratiques : l'évolution du droit constitutionnel dans l'Église à la faveur du réveil évangélique » (p. 64).

De l'Angelicum des années 1920 à Billancourt dans les années 1950, la conviction de M.-D. Chenu sur l'incarnation historique de la pensée théologique est constante : sa thèse latine de 1920 sur la contemplation chez S. Thomas manifestait déjà cette connexion étroite de l'intellectuel

7. Paris, mai 1995.

et du spirituel. En ce sens, son travail le rapprochait davantage du
P. Congar et de Paul Vignaux que d'Étienne Gilson. La rencontre avec
Jacques Le Goff manifeste aussi l'ouverture au contexte, dont
l'*Introduction à l'étude de saint Thomas d'Aquin* donne un exemple clair :
sur les 300 pages du livre, plus de la moitié (172) sont consacrées au
contexte de l'œuvre, en cercles concentriques : le milieu, les genres, la
langue, la documentation, la construction. Les remarquables « Notes de
travail » qui concluent chaque chapitre fournissent à la fois une bibliographie simple, mais aussi d'innombrables pistes de recherche, où, souvent, une ou deux lignes désignent toute une recherche neuve à faire. Il
serait intéressant de dresser le bilan précis, ligne à ligne de ce qui a été
accompli et de ce qui reste à faire. En 1950, des suggestions très neuves
sur la nécessité d'une histoire large de l'université, sur la notion
d'« autorité », etc., ont eu le vigoureux développement que l'on connaît.
Certes, il serait injuste de faire du P. Chenu l'unique artisan ou initia-
teur de cet intérêt pour les contextes et les outillages (on pense aux
travaux des PP. Destrez et Bataillon et de C. et M. Rouse, entre bien
d'autres), mais le rôle du P. Chenu a été capital, par un souci concomi-
tant de la rigueur dans l'histoire de la pensée et de l'ampleur contex-
tuelle. De cette nécessité de la contextualisation historique de la pensée,
M.-D. Chenu donnait une justification à la fois humoristique et sérieuse
dans une des notes de travail de son *Introduction* : « Il est cependant
indispensable de faire quelques lectures essentielles sur les conditions
économico-sociales de la civilisation dont saint Thomas sera l'un des
sommets. Il est très thomiste d'observer dans l'union consubstantielle
de son âme et de son corps, le comportement spirituel de la société
humaine » (p. 60). Bien sûr, M.-D. Chenu n'a pas pratiqué une histoire
totale, ni même une histoire sociale de la pensée médiévale, mais il est
de ceux qui ont construit l'éventualité d'une articulation possible et
précise de l'histoire de la pensée et d'une histoire globale.

III. Pour finir, je voudrais attirer l'attention sur un aspect du travail
du P. Chenu qui l'a sans doute orienté vers la découverte de textes in-
connus d'auteurs jusqu'alors réputés mineurs (un des rares reproches
du P. Garrigou-Lagrange adressés à la thèse de 1920 était de s'attacher
à trop d'auteurs mineurs) : la conscience de l'historicité fondamentale
de toute tradition, en tension avec la valeur transhistorique d'une pensée éminente, en l'occurrence celle de S. Thomas. Sans nul doute, la
réflexion de M.-D. Chenu se situe dans une redécouverte de Thomas
d'Aquin, initiée dans les années 1890 un peu partout en Europe et insti-
tuée, peu de temps avant son arrivée au Saulchoir par les PP. Gardeil,
Mandonnet et Lemonnyer[8]. Dans un contexte complexe, où se mêlent le
modernisme, le triomphe de l'exégèse historique et les balbutiements
des sciences sociales, il s'agit d'arracher la pensée de S. Thomas au rôle
instrumental et anhistoriquement dogmatique qu'elle joue depuis des
siècles dans l'Église catholique. La tension entre la nécessaire centralité
de Thomas et la reconnaissance de l'historicité de sa pensée préexiste
donc à M.-D. Chenu. Mais il la radicalise en entourant cette pensée de

---

8. Voir A. Duval, « Aux origines de l'"Institut historique d'études thomistes" du
Saulchoir (1920 et ss) », dans *Rev.Sc.ph.th.*, 75,3, 1991, p. 423-448.

ses parallèles, de ses antagonistes, des courants discrets ou cachés qui
le traversent. Je repère la force de cette tension en deux symptômes :

1. Revenons un instant sur l'article de 1960 analysé plus haut.
L'avant-dernier paragraphe se termine ainsi : « L'entreprise de Thierry
de Chartres ne devait pas aboutir. Du moins survivra sa définition de la
vérité » (p. 13). Or le paragraphe suivant, qui clôt l'essai montre que
Thomas dans la question sur la vérité, dresse une liste des définitions
philosophiques et théologiques de la vérité, qui ne comprend pas celle
de Thierry de Chartres : « Il n'a pas retenu ni probablement connu la
définition mathématique de Thierry de Chartres, que nous devons aller
chercher, au XIIIᵉ siècle, dans le fatras d'un sermon de Noël » (*ibid.*). Les
deux paragraphes semblent se contredire : la pensée de Thierry s'est
perdue ; elle n'a pas eu d'effet puisqu'elle n'apparaît pas dans une ré-
capitulation extensive des définitions de la vérité qui construit dura-
blement le savoir de l'Église. Mais un cheminement historique obscur la
fait resurgir en Thiérache, peu de temps avant l'arrivée de Thomas à
Paris. L'histoire, comme série d'accidents, a à la fois disjoint (Thier-
ry/Thomas ; Hélinand/Thomas) et conjoint (Thierry/Hélinand ; Héli-
nand/Chenu). L'histoire intellectuelle doit être à la fois possibiliste
(Thomas aurait pu connaître cette définition de la vérité) et positive (il
ne l'a pas connue).

2. Une métaphore curieuse revient de façon insistante dans les pages
de l'*Introduction* consacrées à la tradition augustinienne, présentée
comme un « commun capital » (p. 47) ; plus loin, il est question d'une
« autre tranche de capital augustinien » (p. 49). Ailleurs, Thomas « fait
sien tout le capital de la raison antique et l'exploite selon les ressources
de la dialectique » (p. 59). La métaphore se fait encore plus précise dans
les « notes de travail « du chapitre : « percevoir les ambiances et
l'effervescence du capital successivement mis en circulation » (p. 63).
Cette exploitation raisonnée du capital conduit à une « opulence spirituelle » (p. 60), alors que la thésaurisation stérile de la pensée
d'Augustin (un « trésor mal traité », p. 51) affecte aussi bien Alphonse de
Liguori que ses adversaires jansénistes. D'une façon frappante, le
P. Chenu retrouve ainsi une métaphore des spirituels franciscains et
notamment de Pierre de Jean Olivi, appliquée à la grâce ; Olivi,
d'ailleurs, passant de la métaphore à la réalité sociale, en venait, lui le
partisan le plus intraitable de la pauvreté absolue des franciscains, à
justifier, dans son fameux traité sur les ventes et les achats, la libre
fructification du capital (c'est lui qui invente le sens financier du mot),
sans doute au nom de la nécessité de la circulation opposée à la mau-
vaise thésaurisation. L'image permet à M.-D. Chenu de concilier l'idée
d'une survie de la pensée, à condition (condition à la fois éthique et
historique) qu'elle circule, qu'elle soit *investie, placée.* Par là, les deux
Chenu (le médiéviste et le théologien) se rejoignent .

Le fait que cette image s'applique principalement à la tradition
d'Augustin n'est pas indifférent : le P. Chenu a vu dans les successifs
« retours à Augustin » des réitérations d'un dualisme, d'une séparation
de l'âme et du corps, dont il fait gloire à S. Thomas d'avoir fortement
écarté les dangers. Mais en même temps (voir son chapitre sur la tradition augustinienne dans l'*Introduction*), il ne cherche nullement à dimi-

nuer le rôle essentiel d'Augustin dans la construction de la pensée scolastique et du thomisme. Mais il lui appartenait de délimiter très précisément les intrications compliquées de la tradition, de ses diverses ap-
propriations. Et sur ce point, il a fait des découvertes capitales, qu'on a
tendance à oublier parce qu'elles sont demeurées dans des articles souvent dépassés par le mouvement même qu'ils avaient créé. Je pense en
particulier à la découverte de Robert Kilwardby, maître dominicain
d'Oxford (personnage capital : futur provincial de l'ordre en Angleterre,
futur archevêque de Cantorbéry – et, à ce titre, auteur des condamna-
tions d'Oxford en 1277, futur cardinal). Kilwardby, esprit original et
influent, eut la particularité (rare mais non unique, bien sûr) d'être un
dominicain penchant beaucoup plus du côté d'Augustin que d'Aristote.
En 1930, l'œuvre de Kilwardby était à peu près totalement inconnue ; et
l'on vient à peine d'achever la publication, à Münster, de ses questions
sur Pierre Lombard[9]. C'est le P. Chenu qui a découvert les textes essen-
tiels de Kilwardby : en 1926 dans la *Revue des Sciences philosophiques et
théologiques*[10], il faisait connaître le traité sur l'imagination (*De spiritu
imaginativo*), puis en 1935[11], il révélait le *De tempore*, qui ne fut édité
par P. O. Lewry qu'en 1987 ; or, ce traité, qui tente précisément de
concilier les traitements augustinien (les *Confessions*) et aristotélicien
(livre VIII de la *Physique*) du temps, préparait les grandes élaborations
de la fin du XIIIᵉ siècle et du début du XIVᵉ siècle qui allaient libérer la
question du temps de celle de l'éternité du monde et faire du temps une
catégorie déjà transcendantale[12]. Entre-temps, dans les *Mélanges Mandonnet*[13], en collaboration avec les PP. Mandonnet et Destrez, il diffusait
un document extraordinaire, perdu dans les œuvres de Thomas (dans
la seule édition Vivès, où il n'est pas identifié) et inédit chez Kilwardby :
les réponses de Thomas et de Kilwardby aux 41 questions posées par le
maître général de l'ordre en 1271, Jean de Verceil. En fait, comme on
l'apprendra par la suite, Albert le Grand avait été le troisième grand
docteur consulté. La variété et l'intérêt des questions, les conditions de
composition (Jean de Verceil avait demandé une réponse en quelques
jours), la personnalité des trois maîtres font de ce document désormais
intégralement publié une source remarquable. Une histoire complète
de la découverte de Kilwardby demanderait plus de détail et devrait
impliquer toute une série de savants (les PP. H. et A. Dondaine, les dominicains anglais, le groupe de Münster, la Commission léonine et son
animateur infatigable, le père Bataillon, etc.). Mais là n'est pas mon
propos. Il suffit de noter que cette résurrection a largement modifié
notre interprétation des débats du XIIIᵉ siècle en des domaines variés
puisque Kilwardby était grammairien aussi et que sa théorie contrac-
tuelle du sacrement – héritée de Richard Fishacre, autre personnage

9. Édition du livre IV par Richard Schenk, 1993.
10. Tome 15, 1926, p. 507-517.
11. *Beiträge für die Geschichte der Philosophie und Theologie des Mittelalters*, Suppl.
III, 2, Münster.
12. Je me permets de renvoyer à mon commentaire, « La mesure du temps dans
le traité *De tempore* de Robert KILWARDBY, o.p. », dans M. Perez et C. Meyer (sous la
direction de), *Le Temps mesuré et la musicologie du XIIIᵉ siècle*, sous presse.
13. Tome I, Paris, 1930, p. 191-192.

redécouvert par M.-D. Chenu – a eu des conséquences considérables en théologie comme en théorie politique Le P. Chenu avait réussi à faire profiter l'histoire médiévale de sa grande interrogation sur l'historicité de la vérité et sur les chemins de la tradition. C'est en homme du présent qu'il a été un grand médiéviste.

40, rue d'Enghien
75010 Paris

RÉSUMÉ DE L'ARTICLE. — Le Père Chenu médiéviste : historicité, contexte et tradition. Par Alain BOUREAU.

En partant de l'analyse d'un bref article du P. Chenu sur une définition pythagoricienne de la vérité au Moyen Âge, avec quelques références à La Théologie au XIIe siècle et à l'Introduction à l'étude de saint Thomas d'Aquin, cet article tente de montrer que le P. Chenu fut un grand historien par un souci constant de maintenir ensemble la considération du détail érudit et la nécessité de la synthèse. À une scrupuleuse histoire des idées, il sut adjoindre l'apport des contextes institutionnels et sociaux. Thomiste de conviction, il a été l'un des premiers à savoir historiciser la pensée de Thomas sans la réduire. Savant connaisseur de la tradition chrétienne, il a montré qu'une tradition n'existe que lorsqu'elle est appropriée par un groupe ou un individu.

SUMMARY. — The Medieval Scholar Fr. Chenu : Historicity, Context and Tradition. By Alain BOUREAU.

Setting off the analysis of a short article by Fr. Chenu on a Pythagorian definition of truth in the Middle Ages, with a few references to La Théologie au XIIe siècle and to l'Introduction à l'étude de saint Thomas d'Aquin, this article attemps to show that Fr. Chenu, in his constant efforts to maintain at once considering the scholarly detail and the need for synthesis, was a great historian. To a meticulous History of Ideas, he added the riches of institutional and social contexts. Thomist by conviction, he was amont the first to learn to historicise Aquinas's thought without emptying it. A learned scholar in christian tradition, he showed that tradition exists only when assumed by a group or an individual.

Rev. Sc. ph. th. 81 (1997) 415-437

M.-D. CHENU ET L'EXÉGÈSE
DE *SACRA DOCTRINA*

par Henry Donneaud

La *sacra doctrina* fait l'objet de la toute première question de la *Somme de théologie* : *De sacra doctrina, qualis sit et ad quae se extendat.* Malgré les dix articles consacrés par S. Thomas à la description de cette notion, les interprètes modernes et contemporains ne laissent pas de s'interroger, voire de se disputer sur la réalité exactement désignée par là. Un certain obscurcissement, depuis le xvie siècle, semble en avoir voilé la compréhension.

À la suite de Jean de Saint-Thomas, la grande majorité des auteurs estime que *sacra doctrina*, sous la plume de S. Thomas, désignerait de manière parfaitement univoque la théologie au sens moderne du mot, c'est-à-dire l'entreprise humaine et rationnelle d'intelligence de la foi : non pas le donné révélé, mais ce que l'on peut en déduire par raisonnement. C'est ainsi que l'article 2 de notre question, *an sacra doctrina sit scientia*, trouverait sa signification la plus obvie.

Telle n'était pourtant pas l'interprétation de Cajetan pour qui *sacra doctrina* désignerait l'ensemble de la doctrine chrétienne, la totalité de l'enseignement révélé par Dieu et enseigné dans l'Église pour le salut du monde. Avec ses prédécesseurs comme Capréolus, Cajetan pensait ainsi faire droit à l'article 1er, lequel déclare explicitement la *sacra doctrina* à la fois révélée et nécessaire au salut. Malgré cette méritoire perspicacité exégétique, Cajetan n'en pensait pas moins que, dès l'article 2, S. Thomas ne traiterait plus que d'une partie seulement de la *sacra doctrina*, de ses conclusions, *sacra doctrina ut est conclusionum*, à savoir de la théologie. Il était clair, pour lui, comme pour Jean de Saint-Thomas et leurs successeurs, que la première question de la *Somme* constitue une introduction méthodologique, c'est-à-dire une réflexion épistémologique sur le type de savoir mis en œuvre par S. Thomas.

Il fallut attendre le dernier tiers du xxe siècle pour que des disciples de S. Thomas contestent ce dogme interprétatif et, par une mise en œuvre rigoureuse de la méthode historico-critique, établissent l'objet exact de cette question liminaire de la *Somme de théologie*, tel que voulu par S. Thomas : non plus le statut de la théologie, celle-ci se re-

gardant et se critiquant alors elle-même au seuil de son entreprise spécifique, mais, plus fondamentalement, celui de l'ensemble de la révélation chrétienne telle que reçue de Dieu dans et par l'humanité
croyante[1]. Cela entraîne le passage d'une simple épistémologie du savoir théologique à une véritable théologie fondamentale ou théologie
de la révélation.

Cette révolution exégétique survint au terme de plusieurs décennies
d'un débat intense, surgi au cours des années 1920 et alimenté par
l'application des nouvelles méthodes de la science historique. Cet article se propose d'analyser quelle fut la contribution du médiéviste Marie-Dominique Chenu à la redécouverte du sens plein de *sacra doctrina*.
La critique de la « scolastique baroque », c'est-à-dire d'une certaine
manière post-tridentine de comprendre l'héritage de la pensée médiévale, caractérise l'une de ses options originales en faveur du renouveau
de la théologie contemporaine. Ce parti pris réformateur l'a-t-il aidé à
corriger l'interprétation devenue dominante, dans l'École, de *sacra doctrina*?

Deux œuvres, – ou plutôt, à en croire notre auteur, deux éditions
d'une même œuvre, – abordent directement ce problème : un article de
1927[2] et sa reprise, considérablement refondue et augmentée, en un
livre paru en 1943[3].

I. LES DÉBUTS MALADROITS DE L'APPROCHE HISTORIQUE (1927)

Marie-Dominique Chenu mérite d'abord notre attention en tant que
promoteur du principe de la méthode historique à l'intérieur du thomisme. Dès le début de sa carrière d'enseignant et de chercheur, au
seuil des années 1920, il utilisa nombre de ses chroniques de la *Revue
des Sciences philosophiques et théologiques* ou du *Bulletin thomiste* non
seulement pour encourager mais aussi pour défendre, justifier et expliquer le comment et le pourquoi d'une étude historique de S. Thomas,
en vue d'une intelligence plus juste de sa pensée[4].

Par ailleurs, loin de s'en tenir à ces énoncés programmatiques, il a
mis lui-même en œuvre, dès ses premiers travaux, cette manière renou-

1. James A. WEISHEIPL o.p., « The meaning of *Sacra Doctrina* in *Summa theologiae* I,
q. I. » dans *The Thomist* XXXVIII, 1974, p. 49-80. Albert PATFOORT o.p., « Théorie de la
théologie ou réflexion sur le corpus des Écritures? Le vrai sens, dans l'œuvre de
S. Thomas, des prologues du *Super Libros Sententiarum* et de la *Somme Théologique* », dans *Angelicum* LIV, 1977, p. 459-488.

2. Marie-Dominique CHENU, « La théologie comme science au XIIIᵉ siècle », dans
Archives d'histoire doctrinale et littéraire du moyen âge II, 1927, p. 31-71. En abrégé :
CHENU[1].

3. Marie-Dominique CHENU, *La théologie comme science au XIIIᵉ siècle*, 2ᵉ éd., *pro
manuscripto*, 1943. En abrégé : CHENU[2].

4. Cf., entre des dizaines d'autres, cet exemple placé en tête d'un compte rendu
d'un article du P. Synave, dans *Bulletin thomiste* I, sept.-nov. 1926, p. [185] : « Il est
décidément plus difficile qu'on le croit de lire les textes, y compris ceux de
S. Thomas; et l'on est surpris de voir quel rendement peut produire pour leur intelligence une application rigoureuse des deux règles d'exégèse, toutes simplettes
d'apparence, mais si rarement exploitées à fond : fixer le vocabulaire, examiner le
contexte. En voici un exemple tonique. »

velée d'aborder S. Thomas. Il l'a même appliquée avec prédilection au domaine qui est le nôtre : la théologie de la foi et la nature de la théologie. C'est ainsi que l'œuvre qui nous retient, le premier de ses grands articles, se présente plus spécialement comme un commentaire historique des articles 2 et 8 de la première question de la *Somme de théologie*.

Certes, l'objet précis de l'article ne porte pas directement sur la notion de *sacra doctrina*, mais plus exactement sur le statut scientifique de la théologie. La thèse soutenue, en effet, attribue à S. Thomas la première application à la théologie de la notion aristotélicienne de science. Elle se trouve ainsi énoncée dès l'introduction :

> S. Thomas le premier a su – et osé – poser nettement le principe d'une intégrale application du mécanisme et des procédés de la science au donné révélé, constituant par là une discipline organique où l'Écriture, l'article de foi est non plus la matière même, le sujet de l'exposé et de la recherche, comme dans la *sacra doctrina* du XIIᵉ siècle, mais le *principe, préalablement* connu, à partir duquel on travaille, et on travaille selon toutes les exigences et les lois de la *demonstratio* aristotélicienne[5].

Cet énoncé laisse deviner que l'application intégrale de la notion de science à la théologie rejaillit sur la manière dont S. Thomas aurait conçu la nature de la théologie et de la *sacra doctrina*. Plus précisément, le corps de la démonstration s'attache à montrer comment S. Thomas a pu conférer à la théologie sa pleine qualité scientifique dans la mesure même où il a su la détacher de l'Écriture, du donné révélé, et la constituer en discipline autonome, « organique ». Par une option de principe non critiquée, Chenu assimile d'emblée *sacra doctrina* à théologie et applique à la seconde ce que S. Thomas dit de la première.

Construction de l'article

Les deux premières parties de l'article portent sur les prédécesseurs de S. Thomas : les Anglais Fishacre et Kilwardby dans la première (p. 35-47), les maîtres parisiens de Guillaume d'Auxerre à S. Bonaventure dans la deuxième (p. 47-57). Selon Chenu, le refus de ces auteurs de reconnaître à la théologie la qualité aristotélicienne de science s'origine dans une méfiance craintive, empreinte d'augustinisme, envers la raison humaine, soupçonnée de corrompre la pureté transcendante de la révélation. Concrètement, cette réserve se traduirait par leur incapacité à conférer à la théologie un statut autonome par rapport à la révélation. Aucun d'entre eux, entend montrer Chenu, n'a su distinguer la théologie d'un simple commentaire biblique; ils ne l'envisageaient pas autrement qu'une « exposition de la *sacra pagina* » (p. 33).

Survient alors S. Thomas, le héraut de la rationalité théologique, étudié dans la troisième et dernière partie de l'article (p. 57-69). Dès son *Commentaire des Sentences*, il aurait fondé la qualité scientifique de la théologie sur sa distinction méthodologique très rigoureuse d'avec le donné révélé, en l'occurrence les *articuli fidei*. La scientificité de la théologie ne risque pas de porter atteinte à la transcendance de la révélation et de la foi, comme le craignaient ses prédécesseurs, car la raison

---

5. CHENU[1], p. 33.

théologique porte sur un domaine formellement autre que celui de la foi. La foi croit les articles de foi; la raison théologique en déduit, par démonstration, les conclusions virtuellement contenues en elle.

Chenu relève cependant quelques déficiences dans ce progrès. D'une part, manque encore un principe explicatif de la manière dont des principes inévidents peuvent fonder une authentique science. D'autre part, signe d'une conception de la théologie toujours influencée par les anciennes confusions, S. Thomas continue de définir la méthode théologique par « la vieille réponse des procédés littéraires de la Bible » au lieu de leur substituer « la méthode scientifique d'après les *Postérieurs Analytiques* » (p. 60).

La solution définitive s'épanouit dans le commentaire sur le *De Trinitate* et dans la première question de la *Somme de théologie* (en particulier les articles 2 et 8). La théologie y acquiert sa pleine autonomie méthodologique. La théorie de la subalternation rend désormais exactement compte de son rapport avec les articles de foi. La méthode rationnelle argumentative y devient « la fonction théologique par excellence » (p. 66), avec l'éviction en d'autres articles (9 et 10) de l'herméneutique biblique.

La méthode historique sacrifiée malgré elle

Comment Chenu analyse-t-il précisément l'autonomie accordée par S. Thomas à la théologie? À dire vrai, ce point n'est guère développé; plus exactement, il ne s'appuie pas sur une lecture exégétique très poussée. Constat d'autant plus étrange que nous nous trouvons là, selon Chenu, devant l'une des avancées majeures dont S. Thomas aurait gratifié la théologie. La distinction entre les *articuli fidei* et les conclusions théologiques, entre l'Écriture ou le donné révélé et la théologie apparaît acquise dès le *Commentaire des Sentences*.

Chenu la présente en quelques lignes :

> Les articles de foi sont dans la doctrine sacrée ce que les principes sont dans la science. On voit dès lors le déplacement opéré : les *articuli fidei* (et la *pagina sacra* qui les propose) ne sont pas la matière, l'objet propre, de la doctrine sacrée, comme l'admettaient implicitement les docteurs antérieurs; ils sont les principes à partir desquels vont se développer les raisonnements et se déduire les conclusions. Le point d'application du procédé scientifique est déplacé; la « science » théologique aura ses exigences satisfaites sans que la raison empiète sur le domaine réservé de la foi : sa fonction propre sera de développer les virtualités du révélé, de prolonger la lumière de la révélation vers la solution de questions que la révélation ne résout pas de soi (les *revelabilia*, dira plus tard S. Thomas, *I*ᵃ, q. 1, a. 3).
> L'utilisation de vérités rationnelles et le procédé logique de déduction seront le moyen et l'instrument de cette fonction génératrice, en même temps qu'ils constituent l'appareil scientifique défini par Aristote[6].

Que disent les textes de S. Thomas immédiatement apportés à l'appui de cette thèse?

> Ad id quod ulterius quaeritur, dicendum quod ista doctrina scientia est [...]. Ista doctrina habet pro principiis primis articulos fidei, qui per lumen

---

6. *Ibid.*, p. 58.

fidei infusum per se noti sunt habenti fidem, sicut et principia naturaliter nobis insita per lumen intellectus agentis [...].

Et ex istis principiis, non respuens communia principia, procedit ista scientia. Nec habet viam ad ea probanda, sed solum ad defendendum a contradicentibus, sicut nec aliquis artifex potest probare sua principia (*in I^{um} Sent.* prol., a. 3, sol. 2, ad 2um).

Ad aliud dicendum quod, sicut habitus principiorum primorum non acquiritur per alias scientias, sed habetur a natura; sed habitus conclusionum a primis principiis deductarum, ita etiam in hac doctrina non acquiritur habitus fidei, qui est quasi habitus principiorum, sed acquiritur habitus eorum quae ex eis deducuntur et quae ad eorum defensionem valent (*Ibid.*, ad 3um. Cf. a. 5, ad 4um)[7].

Arrêtons-nous sur la manière dont Chenu interprète ces textes. Loin de se livrer à une exégèse rigoureuse, et d'en obtenir une signification historiquement exacte de la notion de *sacra doctrina* dans le *Commentaire des Sentences*, il donne l'impression de plaquer sur ces textes une clef de lecture reçue *a priori*, celle-là même qui commande toute la tradition thomiste depuis Cajetan et Jean de Saint-Thomas.

Sans que cela semble poser pour lui le moindre problème, il considère d'emblée que S. Thomas entend par *doctrina sacra* la théologie au sens moderne du mot, c'est-à-dire la « science théologique » en tant qu'elle se distingue du donné révélé. Étrange silence, il ne dit mot du premier article de cette première question du prologue, article dans lequel S. Thomas démontre la nécessité de la *doctrina sacra* par la nécessité même de la révélation; la *doctrina sacra* s'y trouve définie non par sa différence d'avec la révélation, mais au contraire comme une connaissance révélée :

Unde oportet ut ea quae sunt ad finem proportionentur fini, quatenus homo manuducatur ad illam contemplationem in statu viae per cognitionem non a creaturis sumptam sed immediate ex divino lumine inspiratam; et haec est doctrina theologiae[8].

La portée de ce premier article rejoint en fait exactement celle du premier article de la première question de la *Somme de théologie*. La même difficulté d'interprétation s'y retrouve, sur laquelle achoppèrent tous les commentateurs depuis Cajetan : comment expliquer que la même *sacra doctrina* soit définie à la fois comme une *cognitio non a creaturis sumpta sed immediate ex divino lumine inspirata* (a. 1) et comme une science (a. 2)? Pour le moins, l'extension de la notion de *sacra doctrina* fait problème. Voilà pourquoi Cajetan affirmait que, au moins, dans l'article 1er, S. Thomas ne traite pas de la théologie, mais bien de la *sacra doctrina in genere*.

Chenu ignore cette aporie et, à la suite de Jean de Saint-Thomas, se contente d'assimiler sans hésitation *doctrina sacra* et « science théologique ». Négligeant de s'arrêter sur les passages où S. Thomas attribue comme objet à la *sacra doctrina* ce qui est immédiatement révélé par la lumière divine, il restreint son objet propre aux seules conclusions théologiques rationnellement déduites. Il fait l'économie d'une étude

7. *Ibid.*, p. 59.
8. *In I^{um} Sent.*, prol., q. 1, a. 1, resp.

sémantique précise des mots *sacra doctrina* ou *doctrina theologiae* tels qu'utilisés par S. Thomas.

Autre assimilation indue. S. Thomas fonde la qualité scientifique de la *sacra doctrina* sur la manière dont elle déduit des conclusions à partir des *articuli fidei*. Il ne dit nulle part que ces *articuli fidei* correspondraient à l'ensemble de la révélation *stricto sensu*, ni que les conclusions n'appartiendraient à la révélation que de manière virtuelle. Chenu, au contraire, assimile purement et simplement les *articuli fidei* au donné révélé, à ce qui est formellement révélé, et prête à S. Thomas l'affirmation selon laquelle les conclusions n'appartiendraient pas du tout à « ce domaine réservé de la foi » mais constitueraient un champ épistémologique autonome, celui des « questions que la révélation ne résout pas de soi ». Sans s'en cacher, il introduit ici la distinction entre virtuellement et formellement révélé, distinction elle aussi totalement absente du texte de S. Thomas : « la fonction propre de la science théologique sera de développer les virtualités du révélé. »

Cette très petite attention portée à la pensée textuelle de S. Thomas apparaît avec non moins d'évidence dans l'emploi du mot *revelabilia*. Cette expression, absente du texte du *Commentaire*, est employée dans le sens créé par Jean de Saint-Thomas pour désigner le virtuellement révélé. Nous tenons là une preuve manifeste de la dépendance persistante de Chenu, malgré ses dénégations répétées, envers la tradition interprétative dominante.

Sans s'embarrasser d'une laborieuse étude des textes, Chenu se contente d'appliquer les idées reçues. Derrière l'habillage d'une approche historique et génétique, il retrouve en fait dans le texte de S. Thomas ce que la tradition y a mis depuis deux ou trois siècles. Certes, il ne cite aucun des commentateurs modernes, puisque le propre de la méthode historique qu'il entend mettre en œuvre consiste à revenir à la pensée même de S. Thomas, au cœur de son processus créateur. Pourtant, en note, il ne manque pas de recourir à l'autorité de son maître Ambroise Gardeil, comme si besoin était malgré tout de prouver que la notion thomiste de théologie correspond à la déduction du virtuellement révélé :

> Comme Cano le mettra en lumière, et récemment le P. Gardeil, « les questions théologiques par excellence sont celles où le *dictum* qui fait le sujet de la question n'est pas formellement dans le dépôt de la révélation ; lorsqu'il est nécessaire de recourir pour l'en dégager, non plus à une explication, mais à un *raisonnement formel*, c'est-à-dire dans lequel la conclusion sort des prémisses, non par désenveloppement de l'implicite, mais par une véritable transition de la cause à l'effet » (A. Gardeil, « La notion du lieu théologique », dans *Rev. Sc. ph. th.*, II [1908], p. 251, note)[9].

Cette simple note suffit à montrer l'origine et la portée de la conception de la théologie que Chenu met en œuvre *a priori* lorsqu'il étudie en historien les textes de S. Thomas. Le théologien Ambroise Gardeil lui fournit la définition la plus scientifique, la plus rationalisante de la méthode et de l'objet de la théologie : non pas seulement une

9. Chenu[1], p. 59, n. 1.

« explication » du donné révélé, par mode de mise en valeur de ce qui serait déjà contenu à l'intérieur du donné révélé, mais bel et bien l'adjonction d'objets nouveaux, ceux qui peuvent être déduits par mode de raisonnement. Telle est la conception de la « conclusion théologique nouvelle » que Gardeil avait directement héritée de Jean de Saint-Thomas et de la grande majorité des commentateurs modernes [10]. L'historien Chenu, après l'avoir reçue de manière non-critique, s'attache à la retrouver dans le texte de S. Thomas.

Histoire « génétique » et histoire critique

Il est alors loisible de s'interroger sur le sens de son entreprise d'historien. Dans l'introduction, il présente son propos historique comme alternatif et complémentaire par rapport à un commentaire seulement spéculatif ou doctrinal du texte de S. Thomas. L'histoire est appelée en renfort du théologien en vue d'obtenir une meilleure intelligence de la pensée du maître :

> On voudrait, dans cette étude, mettre en relief – par une application aussi précise que possible des ressources de la méthode génétique et de l'histoire comparée – la profonde originalité et la puissance rationnelle de la doctrine de S. Thomas sur la nature et la méthode de la théologie. [...].
> Ce sera une manière de commentaire historique de la première question de la *Somme*, ou plus exactement des articles 2 et 8, sur la théologie comme science (*Utrum sacra doctrina sit scientia*), et sur ses procédés rationnels (*Utrum haec doctrina sit argumentativa*). Et l'on peut croire que l'intelligence spéculative elle-même du texte de la *Somme* tirera quelque profit de cet essai historique [11].

S'il parle bien ici de « commentaire historique », notre auteur ne manque pas de préciser ce qu'il entend par là et qu'il va effectivement mettre en œuvre : « une application aussi précise que possible des ressources de la méthode génétique et de l'histoire comparée. » En fait, il n'est pas question ici de la méthode exégétique historico-critique *stricto sensu*, mais de « la méthode génétique ». La méthode historique ne consiste pas d'abord, ici, à scruter les textes de façon critique, de manière à comprendre exactement l'agencement d'une pensée et à fixer le sens des mots dans le contexte immédiat de l'œuvre étudiée, mais avant tout à la replacer dans son contexte large et long, dans sa « genèse ».

« Genèse » : il s'agit là d'un maître mot dans la pensée de Chenu. Selon lui, on ne saisit la portée d'une œuvre qu'en la comprenant dans sa « genèse », dans le lent et patient processus qui la voit naître. Ce qui implique avant tout de remonter à ses sources, en l'occurrence aux auteurs qui ont précédé S. Thomas. La doctrine de S. Thomas sera mise en valeur tant par comparaison (« l'histoire comparée ») avec ce qui l'a précédé que par saisie de son propre progrès intérieur. Un rapport dialectique de progrès, par opposition et continuité imbriquées l'une dans l'autre, explique la naissance de toute pensée, particulièrement celle de S. Thomas. Le travail de l'historien consiste à mettre en valeur

10. Cf. Ambroise GARDEIL, *Le donné révélé et la théologie*, Paris, Gabalda, 1910 ; 2ᵉ éd., Juvisy, éd. du Cerf, 1932, p. xx et 250.
11. CHENU[1], p. 34.

cette inter-action du génie personnel, lui-même en progrès, et de l'influence du contexte.

Du coup, il s'agit moins pour lui de s'arrêter minutieusement sur le texte de S. Thomas pris en lui-même, que de le mettre en relation avec ses sources et de le saisir dans son cheminement personnel. C'est finalement moins l'histoire érudite, au sens d'une discipline positive et critique de lecture, qui intéresse Chenu, que l'histoire considérée comme processus créateur de mouvement et de progrès.

L'apport d'un article comme celui qui nous arrête consiste en effet bien plus dans le regard dirigé sur les prédécesseurs de S. Thomas, peu connus jusque-là, – au point que Chenu a dû recourir pour l'essentiel à des manuscrits publiés par lui pour la première fois, – que dans l'étude minutieuse du texte et de la pensée de S. Thomas. Concernant S. Thomas, il est clair que Chenu se contente de faire fond sur une doctrine possédée *a priori* et qu'il met en œuvre de manière non-critique : la théologie se définit chez S. Thomas, – du moins en sa maturité, au sommet de sa propre avancée, – comme la science du virtuellement révélé, du *revelabile*.

L'apport nouveau de l'historien réside dans la mise en rapport de la pensée du maître, connue a *priori*, sans vérification critique, – avec celle de ses prédécesseurs, de manière à faire ressortir sa « profonde originalité ». La méthode génétique sert en fait à mettre en valeur la « profondeur novatrice de S. Thomas » (p. 67). Chenu ne cache guère cet usage apologétique et programmatique de l'histoire, dans laquelle on s'arrête moins sur la doctrine de S. Thomas scrutée en elle-même, que sur sa nouveauté, son originalité, sa force créatrice, et son dynamisme intérieur :

> Insistons plutôt, en terminant, sur la lumière que reçoit de cette étude génétique l'interprétation de cette question première de la *Somme*. L'article 2 : *Utrum sacra doctrina sit scientia*, en est bien la clef, et la nouveauté quasi totale de sa conclusion fait prévoir que, dans les autres articles, là même où S. Thomas semble ne faire que ratifier les conclusions traditionnellement reçues, il s'inspire en vérité d'un esprit qui les transpose et les transforme. Ce n'est pas le moindre bénéfice de l'enquête historique que de mettre ainsi en lumière, par la connaissance de son milieu et de son contexte, l'esprit d'une doctrine, dont les éléments sembleraient parfois, à la seule analyse dialectique, de très commun enseignement. En réalité, en poussant à fond l'application du concept de science à la doctrine sacrée, S. Thomas a renouvelé toute la conception et l'économie du travail théologique [12].

Par « analyse dialectique », Chenu entend une étude de la doctrine de S. Thomas qui ne considérerait celle-ci qu'en elle-même, de manière statique, selon sa logique interne fixée dans la lettre du texte. Une telle démarche, selon lui, se condamne à ne pas saisir l'originalité de S. Thomas. La « méthode génétique », au contraire, en situant cette doctrine dans « son milieu et son contexte », par comparaison avec les autres, permet seule d'appréhender « la nouveauté quasi totale de sa conclusion ». Du coup, c'est la démarche de S. Thomas qui est valorisée, son attitude audacieuse et novatrice, par contraste avec la « réserve », la

---

12. *Ibid.*, p. 66-67.

« timidité », « la pudeur intellectuelle [13] », la frilosité qui paralysaient les augustiniens et les empêchaient d'accorder à la raison ses droits légitimes à l'intérieur de la théologie.

Cette lecture conflictuelle, ou dialectique, – au sens post-hégélien du mot, – ne manque pas de panache. Nous avons montré, ailleurs, qu'elle structure toute la pensée de Chenu, à la manière d'une grille de lecture très systématiquement mise en œuvre tout au long de sa vie [14]. Ici, elle établit S. Thomas, en sa maturité, au sommet d'un long mouvement ascendant initié au XIIᵉ siècle et qui culmine dans l'équilibre dynamique du rapport pleinement chrétien de la nature et de la grâce. Aristote et Augustin se trouvent comme réconciliés et assumés dans une unité supérieure. Le statut de réelle autonomie acquis par la théologie face à la révélation représente la juste autonomie de la créature humaine face au monde de la grâce :

> Dans l'*ad 2ᵘᵐ* de notre article (*Iᵃ*, q. l, a. 8), S. Thomas découvre lui-même l'esprit de cette conception « argumentative » de la théologie : esprit de confiance tranquille en la raison, que la foi, loin d'amoindrir et de détruire, élève au contraire et garantit, en l'employant ainsi à son service : *Gratia non tollit naturam, sed perficit.* C'est bien cela : jamais l'axiome si cher à S. Thomas ne trouva plus haute et féconde réalisation [15].

De même qu'Augustin passe pour le « Docteur de la grâce » et Aristote le philosophe de la nature, S. Thomas apparaît alors comme le docteur de la juste autonomie des réalités terrestres à l'intérieur de l'économie chrétienne. Une autonomie qui n'est pas séparation, mais inter-action, assomption de la nature dans la grâce et incarnation de la grâce dans la nature. Toute la future « théologie de l'incarnation » de Chenu est déjà présente ici en filigrane : en conférant à la théologie son autonomie rationnelle, destinée à subsister et même à s'épanouir à l'intérieur de la révélation, S. Thomas a poussé à son terme la logique de l'incarnation selon laquelle le divin se donne dans l'humain, et l'humain remonte vers Dieu, intérieurement habité par la grâce, en restant lui-même :

> Qui pourra, qui osera, installer une science avec tout son appareil, à l'intérieur de la foi, sans ruiner son contenu transcendant, sans corrompre sa pure lumière surnaturelle? S. Thomas a osé et a su réaliser ce nouvel *intellectus fidei* que S. Anselme ne soupçonnait pas, sachant aussi employer – et assouplir – le concept de science à un usage auquel Aristote certes ne le destinait pas. Parce qu'il a pleinement distingué la foi et la raison, conservant à la foi sa transcendance et à la raison son autonomie, S. Thomas a pu ensuite les unir, au sens le plus plein du mot, dans une sagesse active et indéfiniment féconde. *Gratia non tollit naturam sed perficit.* L'Augustinien, plus mystique apparemment, n'avait pas su réaliser l'unité spirituelle d'une âme, dont l'acte premier de religion serait l'exercice même de sa raison : avec

---

13. *Ibid.*, p. 56-57.
14. Cf. Henry Donneaud, « La constitution dialectique de la théologie et de son histoire selon M.-D. Chenu », dans *Revue thomiste* XCVI, 1996, p. 41-66.
15. Chenu[1], p. 64-65.

S. Thomas l'immense curiosité de l'intelligence humaine devient acte religieux, bien mieux exercice de foi [16].

Le théologien Chenu ne retient pas son talent, pour faire rayonner la
force humano-théologale des intuitions thomistes : la théologie scientifique élevée au rang « d'acte premier de religion ». Mais que penser des
bases positives de cet édifice ? Quelle valeur reconnaître à ces développements « génétiques » et théologiques, s'il s'avère que S. Thomas n'a
pas « distingué la foi et la raison » de la manière dont le comprend
Chenu ? Leur beauté et leur vérité « dialectique » ne sauraient masquer
la faiblesse concrète des fondements textuels de l'argumentation. Com-
menter avec brio la distinction entre foi et raison, c'est-à-dire ici entre
révélation et théologie, ne suffit pas à prouver exégétiquement que telle
est bien la pensée exacte de S. Thomas. Mettre en valeur, admirative-
ment, l'audacieux processus créateur développé par S. Thomas risque
de tourner court si le contenu théologique qu'on lui a trop hâtivement
attribué s'avère n'être pas le sien.

Équivocité de sacra doctrina

La pratique historienne de Chenu apparaît finalement dans la manière dont il résout malgré tout notre question précise : Quel sens
S. Thomas donne-t-il à la notion de *sacra doctrina* dans la première
question de la *Somme de théologie* ? L'emploie-t-il de manière univoque
ou équivoque dans chacun de ses dix articles ?

Considérant comme acquise dès le *Commentaire des Sentences* la
stricte distinction entre révélation et théologie, entre le donné révélé
cru de foi divine (*articuli fidei*) et les conclusions théologiques déduites
rationnellement, il n'y revient plus dans la présentation des « progrès
décisifs » (p. 62) accomplis dans les œuvres de maturité, *Commentaire
sur le de Trinitate* et *Somme de théologie*. C'est par contre ici, à propos de
« la pensée définitive de S. Thomas » (p. 61), qu'il prend en compte
l'aporie traditionnelle que le texte de S. Thomas a toujours opposé aux
tenants de la distinction entre formellement et virtuellement révélé :
comment comprendre l'usage apparemment équivoque de *sacra doctrina* ?

Fidèle à son propos d'historien, il apporte une solution non pas doctrinale ou spéculative, mais pragmatique et concrète. Il prend soin
d'écarter toutes les tentatives d'explication univoque, celles des commentateurs modernes, trop artificielles et sans appui dans le texte de
S. Thomas. Il développe l'idée d'une souplesse sémantique selon
laquelle S. Thomas tantôt se conformerait au sens traditionnel de *sacra
doctrina*, entendue comme une *expositio in sacram paginam*, tantôt s'en
tiendrait au sens nouveau, élaboré par lui-même, celui de science du
virtuellement révélé, science des conclusions rationnellement déduites
à partir du formellement révélé.

Sans trop de paradoxe, on pourrait même appeler en témoignage de la
profondeur novatrice de S. Thomas les vestiges de l'ancienne conception de
la doctrine sacrée, qui persistent chez lui, soulignant à leur manière
l'innovation de l'ensemble. Car il reste quelques vestiges des anciennes con-

16. *Ibid.*, p. 71.

fusions : dans la terminologie d'abord, dans le mot même de *sacra doctrina*, qui couvre toute cette question liminaire et y est si souvent répété. On sait quelles hésitations divisent depuis des siècles les commentateurs de S. Thomas sur le sens à donner à ce terme : *sacra doctrina* désigne-t-il la théologie proprement dite (Jean de Saint-Thomas, Sylvius)?... Mais l'article 1er envisage en général la nécessité d'une révélation, non d'une théologie, et les art. 9 et 10 traitent expressément de l'Écriture et de son herméneutique. Ne serait-ce pas en bloc alors, révélation, Écriture, spéculation théologique? ou encore une notion abstraite de toute spécialité (Cajetan)?... Mais une telle imprécision constituerait une ambiguïté gênante, anti-scientifique au premier chef, et qui en réalité est à chaque instant démentie par la fermeté doctrinale des articles 2, 3 et suivants[17].

L'explication de Jean de Saint-Thomas est écartée sans prise en compte de sa justification : il n'est pas possible que l'article 1er parle de la théologie. Chenu fait ici preuve d'un bon sens exégétique notable : aucune contorsion dialectique ne saurait faire dire à S. Thomas que la théologie, – au sens moderne et spécialisé acquis par ce terme, – est de quelque manière nécessaire au salut; il est bel et bien question de la doctrine révélée et d'elle seule. Inutile de s'y arrêter.

La réfutation de la solution de Cajetan est moins probante. Chenu parle à son sujet d' « imprécision », d'« ambiguïté gênante et anti-scientifique ». Qu'est-ce à dire? L'ambiguïté résiderait-elle dans la distinction, étrangère au texte de S. Thomas, entre les deux notions de *sacra doctrina* et de théologie; dans l'obligation conséquente de discerner, sans indices explicites fournis par S. Thomas, quand il parle de la première en son extension générique (a. l) et quand il s'en tient à la seconde spécifiquement considérée (a. 2 à 8)? Cette remarque ne serait pas sans pertinence si la solution proposée par Chenu n'encourrait exactement le même reproche. On ne peut en effet que rester dubitatif devant une solution qui exige l'introduction de distinctions que S. Thomas aurait négligé d'expliciter. Car Cajetan ne maintient l'univocité de *sacra doctrina* qu'en introduisant une notion spécifique supposée incluse implicitement dans la première. *Sacra doctrina* désignerait toujours la doctrine révélée dans son ensemble mais, parfois, dans les articles 2 à 8, S. Thomas ne parlerait que d'une partie spécifique de cette doctrine, celle qui est déduite rationnellement, la théologie « au sens moderne du mot ».

Chenu, simplifiant le problème, coupe court à toute univocité. *Sacra doctrina*, dans cette première question, est employée par S. Thomas, fort pragmatiquement, en des sens tout équivoques : tantôt le sens ancien, tantôt le sens moderne, tantôt l'Écriture sainte. L'article 1er ne parle pas de la même réalité (révélation) que les articles 2 à 8 (théologie) et il est question d'une troisième dans les articles 9 et 10 (Écriture sainte). Cette solution, qui rejoint finalement l'équivocité inventée par Garrigou-Lagrange (son maître lors de ses études au collège Angelicum de Rome, de 1914 à 1920)[18] ne souffre-t-elle pas à son tour de quelque ambiguïté

17. *Ibid.*, p. 67-68.

18. R. GARRIGOU-LAGRANGE, *De Deo uno*, *Commentarium in primam partem S. Thomae*, Bibliothèque de la *Revue thomiste*, Paris, Desclée De Brouwer, 1938, fut le

« anti-scientifique » ? Chenu, sans crainte de se contredire ne s'en cache pas lorsqu'il qualifie *sacra doctrina* de « terme ambigu » :

> L'explication nous paraît simple après l'enquête que nous venons de me-
> ner. La terminologie est en retard sur les idées et la doctrine – le cas est as-
> sez normal dans les sciences en progrès –, et un usage séculaire a pesé sur
> l'expression d'une pensée hardie, qui n'a eu que peu à peu son plein effet sur
> le vocabulaire technique. La *doctrina sacra*, pour les maîtres antérieurs, était,
> nous l'avons vu, à peine dégagée de la *pagina sacra*, et enfermait en tout cas,
> dans son imprécision, textes révélés, articles de foi, interprétations authenti-
> ques, gloses des Pères, systématisation scientifique, opinions libres même,
> sans notation de leur qualité et valeur technique. S. Thomas use du terme
> courant. Mais il est en somme aisé de voir que si, dans l'article 1ᵉʳ, il
> s'applique à la révélation de vérités nouvelles, et dans les articles 9 et 10 à
> l'Écriture (le titre en est d'ailleurs : « Utrum sacra *scriptura* debeat uti meta-
> phoris », etc), il doit être pris, pour les articles 2 à 8, au sens précis du terme
> moderne *theologia*. La connaissance du vocabulaire médiéval nous dispense
> de subtiliser davantage sur ce terme ambigu[19].

La rapidité de cette solution ne laisse pas de surprendre. Certes, l'historien croit pouvoir s'appuyer sur une certaine viscosité pragmati-que du mouvement de l'histoire : les grands progrès ne s'explicitent que peu à peu; « la terminologie est en retard sur les idées »; S. Thomas se conformerait en apparence à un « usage séculaire » tout en le boulever-sant de l'intérieur par une « pensée hardie ».

Chenu propose cette hypothèse sans apporter aucun indice sérieux de critique interne ou externe en sa faveur. Sa connaissance du vocabu-laire médiéval, dit-il, le dispense de « subtiliser davantage ». Il n'en doit pas moins introduire dans l'interprétation de *sacra doctrina* une dis-tinction formelle qui ne s'y trouve pas; et, contre presque tous les commentateurs, à l'exception notable de Garrigou-Lagrange, renoncer à l'univocité de l'expression, en sacrifiant ainsi toute unité interne de la première question.

Comment penser que S. Thomas aurait bel et bien inventé « le sens précis du terme *theologia* » sans marquer d'aucune manière, par un vocabulaire spécifique, sa distinction novatrice d'avec l'ancienne *sacra doctrina*? Et comment admettre que, en pleine conscience de ce pro-grès, il s'autorise, à l'intérieur d'une même question, une telle ambiguïté de vocabulaire? L'article 1ᵉʳ s'interrogerait sur l'*an sit* d'une réalité quand l'article 2 porterait sur le *quid sit* d'une autre. Étrange faute de construction sous la plume de S. Thomas.

---

premier commentateur thomiste à renoncer à l'univocité de *sacra doctrina*. Pour concilier Cajetan et Jean de Saint-Thomas, il ne craignit pas de proposer une évolu-tion de sens de l'expression d'un article à l'autre : « Quoad definitionem nominalem, seu quoad sensum hujusce expressionis « *sacra doctrina* » est controversia. Quid per haec verba intelligat sanctus Doctor : an fidem? an theologiam? an doctrinam sa-cram in communi prout abstrahit a fide et a theologia. Cajetanus et plures alii hoc ultimum tenent; sed Joannes a Sancto Thoma, Sylvius et alii contendunt sanctum Thomam hic intelligere theologiam proprie dictam. Haec secunda responsio videtur vera, quamvis enim in art. 1° agatur potius de sacra doctrina in communi; ab articu-lo 2 jam est sermo proprie de scientia sacra prout distinguitur a fide. Paulatim sanctus Thomas transit a notione confusa ad distinctam » (p. 36).

19. Chenu¹, p. 68.

Le moins curieux n'est pas de constater que Chenu ne fait ici que s'aligner sur la solution imaginée par Garrigou-Lagrange, l'inventeur de l'équivocité de *sacra doctrina*. L'explication par la cause, certes, s'est modernisée : à la progression du générique au spécifique imaginée par le logicien succède le dynamisme des « sciences en progrès » admiré par l'historien. Mais le fait brut reste identique, cette équivocité d'un même mot employé en des sens différents selon les articles de la première question : « Paulatim sanctus Thomas transit a notione confusa ad distinctam[20]. »

De fructueuses réactions

Le travail de Chenu servit au moins à stimuler l'étude critique de la première question de la *Somme*. Les réactions négatives qu'il provoqua permirent de faire considérablement avancer l'intelligence du problème. Nous ne retiendrons que les deux plus fécondes : celle du franciscain Jean-François Bonnefoy et celle du dominicain Marie-Joseph Congar.

Peu convaincu par la démonstration de Chenu, Bonnefoy entreprit d'en présenter une réfutation en bonne et due forme[21]. À cet effet, quoique n'appartenant pas lui-même à la famille des thomistes, il produisit la première étude historico-critique sur le sujet qui est nôtre. La présence sous-jacente mais discrète d'une thèse aussi « patriotique » que celle de Chenu nuit beaucoup moins que chez ce dernier à la rigueur scientifique des résultats présentés.

À la fierté thomiste du dominicain empressé de voir en S. Thomas l'inventeur de la théologie comme science, succède la fierté « bonaventurienne » du franciscain, agacé, – non sans quelques complexes, – de voir cet honneur retiré au Docteur séraphique. Plutôt que d'exposer positivement la manière dont S. Bonaventure aurait, le premier, fixé le statut vraiment scientifique de la théologie, Bonnefoy préféra montrer comment S. Thomas ne l'a pas fait. Les résultats auxquels il parvint, malgré la tonalité engagée de son propos, marquèrent une série de progrès décisifs, dont les thomistes s'étaient eux-mêmes jusqu'ici montrés incapables.

Son apport majeure réside dans la démonstration rigoureuse et, selon nous, définitive de l'univocité de *sacra doctrina* tout au long de la première question de la *Somme de théologie*. Étudiant minutieusement le vocabulaire, la logique et le contenu de ces dix articles, il réfute toute forme d'équivocité. S. Thomas y parle d'une seule et même réalité, déclarée aussi bien nécessaire au salut (a. 1) que pourvue, d'une certaine manière, de la qualité de science (a. 2).

Bonnefoy remet aussi en valeur, contre Chenu, le lien de quasi-assimilation qui, pour S. Thomas, unit la *sacra doctrina* à l'Écriture sainte. Avec non moins de succès, il expulse de cette première question la distinction entre formellement et virtuellement révélé, elle aussi in-

---

20. Garrigou-Lagrange, *op. cit.*, p. 36.
21. Jean-François Bonnefoy o.f.m., « La théologie comme science et l'explication de la Foi selon S. Thomas d'Aquin », dans *Ephemerides theologicae lovanienses* XIV, 1937, p. 421-446, 600-631 et XV, 1938, p. 491-516. Repris en un volume sous le titre : *La nature de la théologie selon S. Thomas d'Aquin*, Paris, Vrin / Bruges, Beyaerts, 1939.

dûment introduite par Jean de Saint-Thomas et totalement absente du texte comme de la pensée de S. Thomas. La *sacra doctrina* n'a pas pour objet le virtuellement révélé, c'est-à-dire les conclusions théologiques nouvelles, mais, bel et bien, le révélé, ce qui est immédiatement révélé par Dieu.

Le franciscain reste cependant prisonnier de l'*a priori* selon lequel *sacra doctrina*, pour S. Thomas, désignerait la théologie, aussi proche fût-elle du texte biblique. Il ne parvenait à justifier la nécessité de la *sacra doctrina* (a. 1) qu'en expliquant que la théologie diffère du donné révélé seulement par sa forme. Le fond serait le même ; seul changerait la manière de l'exposer.

Congar intervint à son tour dans notre débat, à la suite immédiate de Bonnefoy, au moyen de deux contributions majeures [22]. Avec la minutie positive et érudite qui le caractérise, il sut à la fois intégrer tous les apports positifs du franciscain et les compléter. Il fut le premier à retrouver, en vertu de la méthode historico-critique, le sens plein de *sacra doctrina* maladroitement préservé par Cajetan et oublié depuis Jean de Saint-Thomas. *Sacra doctrina*, employée de manière univoque par S. Thomas tout au long de la première question, désignerait précisément non pas la théologie, mais l'ensemble de l'enseignement chrétien fondé sur la révélation et reçu dans la foi :

> L'étude du vocabulaire rend manifeste que *sacra doctrina* a, d'un bout à l'autre de la question, un même sens, et que ce sens est celui que l'expression a dans l'article 1, le sens d'enseignement surnaturel, enseignement procédant de la Révélation [23].

Congar se heurtait alors à la même difficulté que Cajetan : comment concilier l'univocité de cette expression en son sens plein de l'article 1er avec la limitation de la qualité scientifique, dans l'article 2, à la seule théologie ? Congar, sans le dire et peut-être sans le savoir, appuie sa solution sur celle de Cajetan. La *sacra doctrina*, chez S. Thomas, comprendrait plusieurs « fonctions », plusieurs « modes d'enseignement » ou « modalités », plusieurs « actes » ou « activités » ; et même, dit explicitement Congar, plusieurs « parties » :

> La théologie est, dans cet ensemble très riche qu'est la *doctrina sacra*, c'est-à-dire l'enseignement procédant de la Révélation, la fonction ou la modalité scientifique et rationnelle, la partie où les vérités chrétiennes sont construites en un corps de doctrine dans lequel certaines jouent le rôle de principes et d'autres celui de conclusions, comme il convient à la raison lorsqu'elle obéit à ses lois propres, qui sont aussi un don et un reflet de

---

22. Marie-Joseph Congar, *Bulletin thomiste* V, n° 8 (oct.-déc. 1938), p. 490-505 (en abrégé : Congar) ; art. « Théologie », *Dictionnaire de théologie catholique* XV, Paris, Letouzey et Ané, 1946, col. 341-502 [378-392].
Publié en fascicule en 1943, – selon la bibliographie de P. Quattrochi, dans J.-P. Jossua, *Le Père Congar. La théologie au service du peuple de Dieu*, Paris, éd. du Cerf, 1967, p. 227, n° 150, ce dernier article était achevé en 1940, avant les années de captivité du dominicain, sans doute même avant son départ sous les drapeaux, en septembre 1939. Sa rédaction doit être à peine postérieure à celle du compte rendu du *Bulletin thomiste*, probablement dans la première moitié de l'année 1939.
23. Congar, p. 495-496.

Dieu. La théologie, c'est la construction rationnelle et scientifique de l'enseignement divin[24].

Sans qu'il faille porter atteinte à l'univocité large de *sacra doctrina*, le contexte des articles 2 et suivants oblige le lecteur à comprendre que S. Thomas limite alors son propos à l'une des parties de la *sacra doctrina*, à la seule théologie. L'univocité de vocable, formellement maintenue, ne parvient pas donc à écarter une certaine pluralité des objets réellement considérés. L'objet de l'article 1er, la *sacra doctrina in genere*, ne correspond pas exactement à celui de l'article 2, la théologie au sens strict.

Au seuil des années 1940, toutes les apories exégétiques ne se trouvaient donc pas levées. Deux données majeures avaient pourtant vu le jour : l'univocité de *sacra doctrina* et son sens plein, synonyme d'enseignement révélé. Très ouvert, par optimisme et bienveillance, aux acquis les plus récents de la recherche scientifique, Marie-Dominique Chenu ne manqua pas de faire droit, au moins en intention, à ces avancées qu'il n'avait d'abord lui-même pas du tout soupçonnées.

II. Des progrès mal assimilés (1943)

Pour des raisons qui ne concernent que partiellement notre propos et que nous avons déjà étudiées ailleurs[25], Chenu reprit la matière de son article de 1927, – en la transformant considérablement, – dans un nouvel ouvrage paru en 1943[26]. La continuité, marquée par l'identité du titre et du propos historique, cache à peine de profondes modifications.

L'article de quarante pages devient un livre de cent vingt pages. D'une part, de nombreuses données positives, quant à l'exégèse des textes, se trouvent redressées ou complétées. D'autre part, la nouvelle « position de la théologie » pour laquelle Chenu milite publiquement depuis 1935[27] et qui provoqua sa condamnation de 1942[28] entraîne un rééquilibrage de sa thèse centrale. Au portrait plutôt unilatéral d'un S. Thomas héraut de la rationalité théologique face au surnaturalisme augustinien succède le profil plus synthétique du docteur capable d'honorer ensemble « l'exigence technique de la science et le sens religieux qui imposent à la théologie de partir de la foi »[29]. Telle est devenue, aux yeux de Chenu, l'unité dialectique de la théologie selon S. Thomas, dans le dynamisme fécond du binôme réalisme / forma-

---

24. *Ibid.*, p. 498-499.
25. Cf. Henry Donneaud, « Histoire d'une histoire. M.-D. Chenu et *La théologie comme science au xiiie siècle* », dans *Mémoire dominicaine* IV, 1994, p. 139-175.
26. Marie-Dominique Chenu, *La théologie comme science au xiiie siècle*, 2e éd., *pro manuscripto*, 1943. En abrégé : Chenu[2].
27. Marie-Dominique Chenu, « Position de la théologie », dans *Rev.Sc.ph.th.* XXIV, 1935, p. 232-257.
28. Marie-Dominique Chenu, *Une école de théologie. Le Saulchoir*, Le Saulchoir, Kain-les-Tournai (Belgique) / Etiolles (Seine-et-Oise), 1937. Cet ouvrage fut l'objet d'une mise à l'Index en février 1942.
29. Chenu[2], p. 78.

lisme, contemplation mystique dans la foi / progrès spéculatif par la raison[30].

Corrections et révisions de perspectives

Dès son introduction, Chenu confesse cette double évolution, technique et doctrinale, érudite et théologique, en avouant d'ailleurs avec une belle magnanimité tout le profit qu'il a tiré des travaux produits depuis quinze ans, grâce au débat initié par son propre article de 1927 :

> L'essai primitif appelait plus que des corrections, une révision, de sa documentation comme de ses perspectives. Nous avons cependant expressément écarté toute manière de controverse : le bienfait procuré par la lecture des travaux cités sera aisément discernable par leurs auteurs, à qui nous tenons vraie gratitude. Les lecteurs s'apercevront vite par ailleurs des modifications apportées dans les détails de l'exégèse, comme du redressement de l'axe même de la construction[31].

La mention explicite, en note, des travaux de Bonnefoy et Congar nous renvoie à tous les acquis de l'enquête historique obtenus par leurs soins. Chenu ne manque pas d'annoncer qu'il les fait siens. Il signale d'abord, en citant littéralement Congar, l'élargissement des fonctions de la raison théologique : non plus seulement déduction des vérités nouvelles, par extraction du révélé virtuel hors du révélé formel, mais aussi explication du donné révélé, c'est-à-dire mise à jour de son intelligibilité interne par « rattachement de vérités-conclusions à des vérités-principes » :

> On avait cédé jadis à une interprétation un peu pesante de la fonction déductive dans la raison théologique, et marqué son rôle en formules abruptes, inclinant dans ce sens la ligne de la pensée de S. Thomas, plus souple en vérité, tant pour la transposition du concept de science en doctrine sacrée que pour la variété des fonctions de la raison ; la déduction a certes qualité scientifique en théologie, elle n'est pas l'opération principale ni la plus digne, en *intellectus fidei*[32].

En réaction à l'exclusivisme déductif de Gardeil, trop hâtivement reçu en 1927, Chenu renonce à limiter la tâche de la théologie à la déduction du virtuellement révélé, les trop fameuses « conclusions théologiques » :

> La tâche propre et principale du théologien [...] n'est pas bloquée sur la fabrication du « révélé virtuel », comme on dit, et sur le travail de déduction : son « discursus » scientifique, depuis l'argument de convenance jusqu'à la déduction, se construit dans la contemplation même du donné révélé, où il connaît et élabore à sa manière complexe ce que Dieu connaît dans la simplicité absolue d'une intuition[33].

Du même coup, Chenu fait également sienne la liquidation de l'interprétation de *revelabile* imposée par Jean de Saint-Thomas. À la suite de Bonnefoy et Congar, il renonce à lire dans le *revelabile* le

---

30. Sur ce sujet, cf. notre article déjà cité : « La constitution dialectique de la théologie et de son histoire selon M.-D. Chenu ».
31. CHENU², p. 9.
32. *Ibid.*, p. 9.
33. *Ibid.*, p. 98.

« révélé virtuel » distingué du « révélé formel » que signifierait *revelatum*. Cette correction lui étant d'ailleurs partiellement venue sous l'influence de Gilson, il ne manqua pas de suivre ce dernier dans une interprétation nouvelle mais néanmoins fantaisiste, peu compatible avec la lettre et l'esprit du texte de S. Thomas [34].

Le dernier acquis notoire du débat des années 1930 que Chenu intègre dans sa démonstration concerne directement le sens de *sacra doctrina* et son rapport avec la théologie. Nous allons y revenir bientôt.

Constatons auparavant que ces nouvelles données exégétiques ne pèsent, somme toute, que de peu de poids dans le mouvement d'ensemble de la nouvelle édition de *La théologie comme science au XIIIe siècle*. Ce travail reste fondamentalement une thèse théologique qui prétend s'appuyer sur l'histoire. Son objet reste toujours, malgré Bonnefoy, de faire de S. Thomas le pionnier de la théologie comme science. Nous ne reviendrons pas sur les longs développements consacrés aux prédécesseurs de S. Thomas, toujours aux fins de saisir la genèse de sa propre position, au terme d'un riche et patient mouvement de fécondation. Nous nous en tiendrons au seul long chapitre sommital consacré à S. Thomas : « La science théologique » (p. 71-101).

Certes, à l'émergence unilatérale de la rationalité aristotélicienne au sein de l'intelligence chrétienne, succède l'intuition beaucoup plus dialectique d'une synthèse supérieure réalisée entre deux pôles d'apparence antagoniste. S. Thomas ne s'alignerait ni sur Aristote ni sur Augustin mais, en intégrant le positif de ces deux perspectives, il parviendrait à un nouvel équilibre, tant épistémologique que spirituel. Pourtant, sous la plume de Chenu, il s'agit toujours de faire servir l'histoire à la démonstration d'une thèse, et non de comprendre la pensée de S. Thomas à travers son déroulement textuel concret.

Notre première question de la *Somme* n'y est toujours pas considérée pour elle-même et en elle-même. Chenu s'attache avant tout à ce qui concerne directement la qualité scientifique de la théologie. Il tient toujours comme allant de soi que ces dix articles portent tous plus ou moins sur le problème de la nature de la théologie. Il s'y arrête pour autant que, selon lui, « S. Thomas [y] aborde le problème de la science théologique » (p. 71).

Le présupposé demeure

Dès le début de notre chapitre, et sans attendre les précisions apportées plus loin, il emploie l'expression *sacra doctrina* comme synonyme concret de théologie (p. 73, l. 1 ; p. 74, l. 4 ; p. 75, l. 25 ; p. 83, l. 14). Le long développement sur la théorie de la subalternation applique directement à la science théologique ce que S. Thomas, en son article 2, dit de la *sacra doctrina* :

> Plus tard, dans la *Somme théologique* (*I^a Pars*, en 1267), cette théorie de la subalternation passera au premier plan, et constituera le pivot sur lequel est

---

34. Cf. Henry DONNEAUD, « Note sur le *revelabile* selon Étienne Gilson », dans *Revue thomiste* XCVI, 1996, p. 633-652 (651).

bâtie et la preuve par laquelle est démontrée la structure de la théologie comme science[35].

Par incidence, dans une note de bas de page, Chenu met pourtant le doigt sur une donnée qui aurait dû éveiller son attention. Collationnant tous les passages où S. Thomas met en œuvre la théorie de la subalternation, il en relève un dans le *Commentaire sur les Sentences*.

> Il faut relever cependant une mention expresse de la théorie de la subalternation dans *III Sent.*, d. 24, a. 2, sol. 2, ad 3um : « ...Fides nostra ita se habet ad rationem divinam qua Deus cognoscit, sicut se habet fides illius qui supponit principia subalternatae scientiae a scientia subalternante quae per propriam rationem illa probavit ». Observons toutefois qu'elle a trait à la foi comme telle, non à la théologie émanant de la foi[36].

Deux raisons poussent Chenu à écarter ce texte, toutes deux symptomatiques du poids nocif des présupposés qui pèsent sur sa lecture des textes. Ce passage, selon lui, ne pourrait pas concerner l'application de la subalternation à la *sacra doctrina* d'abord parce qu'il porte sur la foi, non sur la théologie, ensuite parce que ce recours à la théorie de la subalternation pour fonder la scientificité de la *sacra doctrina* serait un des progrès accomplis par S. Thomas entre la rédaction du *Commentaire* et celle de la *Somme*; on ne peut donc pas le trouver dans le *Commentaire*. Dès lors qu'est posé le principe de « cette croissance doctrinale de la pensée de S. Thomas[37] », on ne peut pas retrouver la subalternation de la *sacra doctrina* dans une œuvre de jeunesse.

Plutôt que de reconnaître que la *sacra doctrina* à laquelle la *Somme* applique la théorie de la subalternation (*I^a Pars*, q. l, a. 2) pourrait être plus proche qu'il n'y paraît de l'objet révélé de la foi à laquelle le *Commentaire* l'applique déjà, Chenu sépare ces deux lieux. Or la lecture attentive et comparée des deux textes montrent qu'il s'agit bien du même objet.

Dans le *Commentaire*, bien que cela soit au sein du *de fide*, S. Thomas établit que le croyant, par la foi, se relie à la science de Dieu et participe à sa lumière. Au delà de l'*auctoritas divina* qui fonde sa foi, le fidèle rejoint de quelque manière la *ratio divina* et peut fonder sur elle une science, en l'occurrence l'apologétique. Conformément au verset de *1 P* 3, 15 cité dans l'objection, il peut « rendre raison de la foi et de l'espérance qui sont en lui », S. Thomas n'applique pas la subalternation à la foi en tant que telle, mais à la science induite par la foi, née de la foi, ici pour sa défense. Ce n'est pas la foi qui se subalterne à la science de Dieu, mais la science de la foi, c'est-à-dire en fait la *doctrina sacra*.

Il ne s'agit pas d'autre chose dans la *Somme*, même si la fonction apologétique se trouve dilatée dans une *sacra doctrina* bien élargie. De même qu'une science humaine peut se subalterner à une autre science humaine au moyen d'une foi humaine, de même la *sacra doctrina*, science divine participée par l'homme, se subalterne à la science de Dieu au moyen de la foi théologale. Ainsi, tout l'enseignement chrétien, – et non pas seulement le savoir spécialisé des théologiens, – peut se

---

35. CHENU², p. 77.
36. *Ibid.*, p. 82, n. 2.
37. *Ibid.*, p. 82.

trouver constitué en science, car l'acte de foi du croyant le relie à la science de Dieu.

Pourtant, comme en 1927, la lecture de Chenu se trouve aveuglée par la certitude *a priori* que la première question de la *Somme* ne traite que de la théologie. Puisque *sacra doctrina* doit être entendue au sens de théologie, tout ce que S. Thomas dit de l'une doit être compris comme portant sur l'autre et sur elle seule. Au lieu de lire et prendre en compte attentivement l'article 1er pour y puiser un sens large de *sacra doctrina*, Chenu distend *a priori* foi et théologie et écarte de la notion de *sacra doctrina* ce qui la rapprocherait trop de la première ; comme par exemple ce lieu parallèle du *Commentaire*.

Alors que tout commentateur perspicace de la première question se doit d'interroger d'abord le sens de *sacra doctrina* tel que décrit à l'article 1er, Chenu, lui, pour édifier sa thèse, laisse de côté ce problème liminaire et passe directement à l'article 2.

La sacra doctrina *au carrefour des interprétations*

Toujours comme en 1927, ce n'est qu'en cours de route, par incidence, qu'il prend en compte cette aporie pourtant bien visible. C'est ici qu'il en appelle aux données nouvelles mises en valeur par le débat des dix années précédentes.

La solution qu'il propose pour comprendre le sens de *sacra doctrina*, se caractérise alors par un triple conditionnement : d'une part, en effet, le ralliement, – au moins revendiqué, – de notre auteur aux résultats proposés par Congar, littéralement cités et recopiés ici ; d'autre part le maintien du noyau dur de sa thèse de 1927 ; enfin la perspective d'ensemble, nettement dialectique, de la nouvelle édition. La conciliation de ces trois lignes d'interprétation nous paraît pour le moins problématique, dans la mesure où la première défend l'univocité de *sacra doctrina*, – même s'il est loisible, ensuite, de dégager en son sein des fonctions particulières, alors que la deuxième suppose une réelle équivocité du terme. La troisième, il est vrai, se plaît à rechercher une unité supérieure dans la synthèse des contraires, – unité pour le moins hypothétique, voire illusoire et anachronique.

Prenons la peine de lire attentivement l'explication de Chenu :

> La théologie est proprement une science, dans et par la subalternation à la science de Dieu.
>
> Ou, plus précisément, la *doctrina sacra*, l'enseignement chrétien, qui comporte tant d'aspects et de modes n'appartenant pas de soi à l'ordre de la science (cf. les multiples *modi* qu'intègre S. Thomas à la méthodologie théologique, outre le *modus argumentativus*, *In Sent.*, prol., a. 5), la *doctrina sacra* vérifie, dans l'une de ses activités maîtresses, dans l'une de ses fonctions propres, la qualité de science (cf. M.-J. Congar, *Bulletin thomiste* XV [1938], p. 499 ; et l'art. *Théologie* dans le *Dict. de théol. cath.*)
>
> Nous pouvons maintenant reconnaître le contenu et apprécier le sens du terme *sacra doctrina*, dont nous avons plusieurs fois déjà signalé l'indétermination dans la langue commune du temps, qui recouvre tout le champ de l'enseignement chrétien depuis l'équivalence avec la *sacra scriptura* jusqu'à la spéculation théologique, qui, dans la première question de la *Somme* de S. Thomas, embrasse les problèmes allant de la nécessité de la révélation jusqu'à la légitimité de l'argumentation rationnelle, – qui par conséquent déborde le sens technique particulier donné aujourd'hui au mot *théologie*.

Sacra doctrina, c'est l'enseignement procédant de la révélation : avec toutes les ressources qui en découlent, avec tous les traitements qu'elle peut comporter dans l'esprit humain, de la lecture de la Bible à la déduction théologique. Donc diversité relative d'objets, de fonctions, de méthodes. De tout ce que nous avons dit il ressort que S. Thomas a distingué Écriture et théologie, foi et théologie ; il a même, dès les *Sentences,* expressément affirmé la diversité de deux *habitus.* Mais la terminologie est en retard sur les idées et la doctrine, comme il arrive dans les sciences en progrès ; l'extension indéterminée de *doctrina sacra* demeure un vestige de l'état antérieur de la théologie où la diversification méthodologique n'était pas accomplie. ([on lit en note :] C'est en somme l'interprétation qu'a donnée Cajetan de *doctrina sacra.* On sait quelles divergences a provoquées chez les commentateurs l'ambiguïté du terme.)

Du moins ce terme unique porte-t-il aussi témoignage en faveur de la continuité organique qui, à travers les diverses fonctions et étapes du savoir sacré, en assure l'unité, dans la foi qui le commande, le dilate, le construit et toujours l'anime. *Fides est quasi habitus theologiae* (in Boet. de Trinitate, q. 5, a. 4, ad 8). Ce serait faute grave de « diviser » la théologie, sous prétexte d'en répartir les fonctions et les méthodes. Le vocable *doctrina sacra* n'est point périmé[38].

Notons d'abord la brutale rupture de contexte. L'affirmation de la scientificité de la théologie conclut le long raisonnement démonstratif que Chenu a construit sur l'analyse de la notion thomiste de subalternation. Jusque-là, *sacra doctrina* et théologie étaient employées comme de parfaits synonymes.

Survient soudain la précision : la *sacra doctrina* n'est pas science par tout elle-même, mais seulement « dans l'une de ses activités maîtresses, dans l'une de ses fonctions propres ». Avant même de lire la note qui renvoie aux travaux de Congar, le lecteur reconnaît les termes précis d'une problématique et d'une solution bien connues, celles que Chenu lui-même, un peu plus loin, fait remonter jusqu'à Cajetan : *sacra doctrina* désigne précisément, sous la plume de S. Thomas, l'ensemble de « l'enseignement chrétien », « l'enseignement procédant de la révélation[39] ». La théologie, qui répond seule aux exigences de la qualité scientifique, doit être comprise comme l'une de ses modalités. D'un côté le genre, *sacra doctrina,* de l'autre l'une de ses espèces, la théologie. Voici retrouvée, semble-t-il, à la suite de Congar, l'univocité de *sacra doctrina* que l'article de 1927 avait cru pouvoir sacrifier au profit d'une équivocité toute pragmatique.

Revient alors la question, toujours la même : pourquoi S. Thomas, possédant mentalement la distinction entre *sacra doctrina* et théologie, ne l'aurait-il pas signalée explicitement et aurait-il continué à user uniformément du vocable *sacra doctrina,* même lorsque ce qu'il en dit ne peut s'appliquer qu'à l'une de ses modalités ? Chenu, devant ce problème, ne suit pas l'explication de Congar, mais revient exactement, jusqu'à la littéralité des formules, à celle qu'il avait exposée en 1927 : « La terminologie est en retard sur les idées et la doctrine, comme il arrive dans les sciences en progrès ; l'extension indéterminée de *doctri-*

---

38. *Ibid.,* p. 85-86.
39. Cette expression, quoique dénuée de guillemets, provient de CONGAR, p. 495-496.

na sacra demeure un vestige de l'état antérieur de la théologie où la diversification méthodologique n'était pas accomplie[40]. »

Autrement dit, l'univocité apparemment retrouvée de *sacra doctrina* laisse de nouveau place à l'équivocité. Le sens large de l'expression n'est pas assumé sciemment par S. Thomas, mais seulement reconduit par habitude conformiste. Son sens nouveau, celui de théologie *stricto sensu* dont S. Thomas a rigoureusement précisé le contenu et défini la qualité scientifique, ne s'est pas encore imposé dans la terminologie. Mais c'est bien de lui dont il est question dès l'article 2. Existent donc bien deux significations, au moins, de *sacra doctrina*, l'ancienne, large et indéterminée, et la nouvelle, tout à fait précise.

On comprend alors comment, dès le début du chapitre, Chenu pouvait considérer comme exacts synonymes « théologie » et *sacra doctrina*. Contrairement aux commentateurs attentifs et systématiques de la première question qui, comme Congar, rencontrent d'abord le sens large de *sacra doctrina* et ne peuvent *a priori* le tenir pour archaïque, Chenu connaît d'emblée le sens moderne et vraiment thomiste du mot. Il ne lui reste qu'après coup à résoudre une objection exégétique à la vérité peu encombrante. L'article 1er ne fait ici l'objet d'aucune analyse, ni de près ni de loin. Il est comme réputé ne pas exister[41]. Le vrai sens de *sacra doctrina* n'est pas donné dans le premier article, mais dans le deuxième.

Voici cependant que la dynamique dialectique survient pour dépasser le terme auquel s'était arrêtée l'édition de 1927. Regardé comme désuet, le sens large de *sacra doctrina* se trouve néanmoins assumé au service d'une synthèse supérieure : « Le vocable *doctrina sacra* n'est point périmé. » Quoique l'objet réellement considéré dans cette question soit la théologie, c'est-à-dire le sens moderne de *sacra doctrina*, S. Thomas conserverait la saveur réaliste, religieuse et spirituelle du sens ancien de *sacra doctrina*, pour la transfuser dans son sens moderne. Il préserverait par là la « continuité organique » qui doit unir la démarche formaliste et rationnelle de la théologie à cette source vitale, fécondante et indépassable qu'est pour elle la foi.

Le sens nouveau de *sacra doctrina* promeut, certes, « l'exigence technique de la science » (p. 78), cet « intellectualisme » fondé sur une « confiance vraie en la raison » (p. 96). Mais le sens ancien, dans la continuité assumée de son influence, se fait le garant de « l'exigence mystique qui refuse de considérer comme véritable connaissance religieuse une dialectique rationnelle suspendue à une adhésion non-croyante aux articles de foi » (p. 79).

---

40. Cf. CHENU[1], p. 68-69 : « La terminologie est en retard sur les idées et la doctrine – le cas est assez normal dans les sciences en progrès –, et un usage séculaire a pesé sur l'expression d'une pensée hardie. [...] Par ces vestiges même du passé, on peut mesurer le chemin parcouru. »

41. De même, Chenu ne dit absolument plus rien du problème posé par les articles 9 et 10, consacrés à l'herméneutique biblique. En 1927, il se voyait obligé de parler d'une « rupture de contexte » pour expliquer le passage de l'article 8 aux deux derniers de la question (CHENU[1], p. 69). Désormais, il se contente de passer ce problème sous silence.

Cette lecture souple et dynamique que fait Chenu de l'expression *sacra doctrina*, quoique fort séduisante comme instrument de promotion d'une thèse sur la constitution dialectique de la théologie, ne laisse pas d'embarrasser l'exégète. Elle finit par tellement distendre son sens que l'on ne voit pas de quelle réalité il est exactement question. Ou, plus exactement, il est clair que c'est la théologie, et elle seule, qui est visée par ce vocable. Mais aux explications laborieusement scolastiques de Cajetan et Congar sur l'usage de ce terme générique en nom et place de la théologie, succède une brillante envolée fondée sur l'équivocité dialectique : le sens plein et novateur de *sacra doctrina* désignerait la théologie, par dépassement et assomption de son sens ancien.

Que penser d'une telle solution? L'exégète, pour le moins, se satisfait difficilement de voir ainsi attribuer à S. Thomas un cadre de pensée si peu soucieux de la précision logique du vocabulaire et au contraire si influencé par des catégories épistémologiques nettement post-hégéliennes. L'expression *sacra doctrina* semble revêtir au moins trois acceptions à tenir simultanément : d'une part, à la suite de Cajetan et Congar, le sens générique de la totalité de l'enseignement révélé ; d'autre part, selon une vue d'historien des idées, le sens archaïque d'une indétermination primitive entre le donné révélé et la théologie ; enfin, en vertu d'une certaine philosophie de l'histoire, le sens non périmé d'une continuité organique de l'humain et du divin, d'une assomption dialectique du scientifique dans le révélé.

Il ne semble pas exagéré de retrouver dans cette juxtaposition trois Chenu à l'œuvre simultanément : l'exégète curieux de la vérité textuelle, qui se plût à intégrer dans sa lecture les découvertes obtenues par ses pairs ; l'historien amoureux des genèses, des foisonnements et des progrès, heureux de saluer en S. Thomas la force novatrice d'un esprit audacieux ; l'apôtre de la vie et de son dynamisme créateur, dans la synthèse toujours en mouvement des contraires. Il est à craindre, pour le bien de l'exégèse thomiste, que le premier, respecté mais trop modeste, ne laisse le plus souvent la priorité au deuxième et surtout au dernier.

Force est de constater que, malgré ses audacieuses déclarations de principe sur la réforme de la théologie thomiste par le retour à ses sources, Chenu n'a point réalisé de découvertes décisives dans l'intelligence de *sacra doctrina*. Il s'est trouvé victime, comme à son insu, de cette « scolastique baroque » dont il ne cessait pourtant de se faire le courageux dénonciateur. Nous avons cru pouvoir analyser la manière dont sa relecture des textes médiévaux, en particulier ceux de S. Thomas, dépendait trop de deux influences hétérogènes à une rigoureuse exégèse : les commentateurs modernes et une philosophie de l'histoire d'inspiration post-romantique.

Sa magnanimité intellectuelle a cependant rendu ses travaux féconds par un autre biais. Son article de 1927, par son propos aussi novateur que précipité, avait sorti la notion de *sacra doctrina* des routines scolastiques et ouvert la voie à notre débat. La nouvelle édition de 1943 tâcha d'intégrer, au prix d'impossibles conciliations, le foisonnement des données nouvelles. Notre théologien aime la vie, son dynamisme créatif et ses appels multiformes. Que la science exégétique en soit la servante, et non le contraire! Tant pis si l'érudition et la patiente fidélité aux textes doivent, provisoirement, en faire les frais.

Institut Saint Thomas d'Aquin
8, place du Parlement
31 000 Toulouse

Résumé de l'article. – Marie-Dominique Chenu et l'exégèse de *sacra doctrina*. Par Henry Donneaud

Deux travaux de Marie-Dominique Chenu abordent l'exégèse de la notion thomiste de sacra doctrina, *l'un de 1927, l'autre de 1943. Ils s'inspirent du souci de rénover l'intelligence de l'œuvre de S. Thomas par le recours à l'histoire. Malgré ce propos réformateur, les résultats proprement exégétiques restent décevants. Chenu ne parvient pas à se dégager de l'a priori selon lequel* sacra doctrina *désignerait la théologie au sens moderne du mot. Tant le désir de voir en S. Thomas l'inventeur de la théologie comme science qu'une certaine relecture dialectique de l'histoire l'empêchent de retrouver la notion pleinement thomiste de* sacra doctrina, *à savoir l'ensemble de l'enseignement chrétien reçu à travers la révélation divine. Ces travaux, par les réactions qu'ils suscitèrent, n'en ont pas moins directement contribué à l'avancée de cette question.*

Summary. – Marie-Dominique Chenu and the Exegesis of *Sacra Doctrina*. By Henry Donneaud.

Two of Marie-Dominique Chenu's works address the exegesis of the thomistic notion of sacra doctrina; *one dates from 1927, the other from 1943. They are inspired by the effort to renovate the understanding of Aquinas's work with the help of History. Despite the reformational statements, the strictly exegetical results remain a disappointment. Chenu does not succeed in evacuating the idea that a priori,* sacra doctrina *designates Theology in the modern sense of the word. The desire to see in Aquinas the inventor of Theology as a science, as well as a certain dialectic reading of history, impede his finding the fully thomistic notion of* sacra doctrina, *i.e. the whole of christian teaching received through divine revelation. By the criticisms to which these works gave rise, they did nonetheless contribute directly to making progress on the subject.*